머리 좋은 사람만 아는

설득력

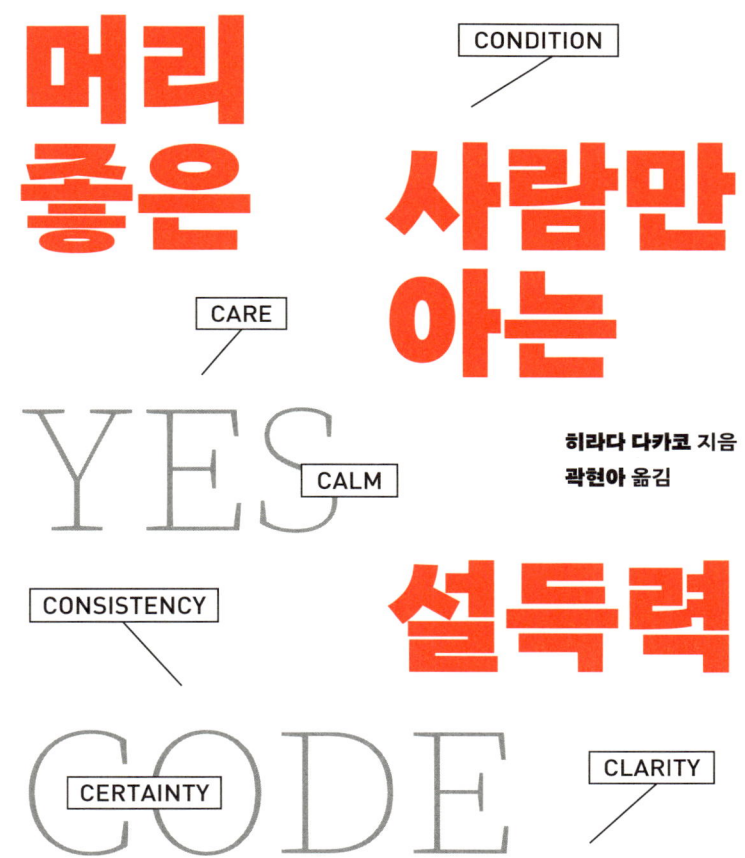

머리 좋은 사람만 아는 설득력

CONDITION

CARE

CALM

CONSISTENCY

CERTAINTY

CLARITY

YES CODE

히라다 다카코 지음
곽현아 옮김

더페이지

왜 당신은
매번 설득에 실패하는가

반드시 대박 날 기획이라고 확신했지만, 임원은 고개를 끄덕여 주지 않습니다.

새로운 시스템을 도입하면 업무 효율이 훨씬 높아질 텐데, 그는 바꾸지 않겠다고 반대한다. 고객에게서 급한 의뢰가 들어와 도움을 요청했지만, 돌아온 대답은 "힘들다."라는 한마디였다.

도대체 왜 이들은 내 생각을 이해해 주지 않는 걸까?

그리고 어떻게 해야 이런 사람들을 설득할 수 있을까…?

아마 이 책을 펼친 여러분도 업무 중 누군가를 설득하지 못해 답답했던 경험이 한 번쯤은 있을 것입니다.

어떤 직업에 종사하든 사회인이 하는 일은 '설득'의 연속입니다. 성공했을 때 일의 성과가 크면 클수록 설득하기도 어려워집니다. 일에서 신속하게 성과를 내기 위해서는 상대방으로부터 '예스Yes'를 단시간에 끌어내야 합니다.

하지만 좀처럼 예스라는 답을 받아 내지 못하는 것이 많은 사람의 현실입니다 . 몇 번이고 기획을 수정했지만 끝내 '노No'라는 답만 돌아올 때가 있습니다. 또 어떤 경우에는 과장이 '예스'라고 했지만, 부장 선에서 반려되어 임원에게까지 올라가지 못하는 식으로 하나의 벽을 넘으면 또 다른 벽이 나타나 발목을 잡기도 합니다.

회사 조직은 대부분 피라미드형 구조입니다. 수평적인 조직으로 변화시켰다고는 하지만 그것은 형식에 불과할 뿐, 현실적으로는 계층형 조직 그대로 변하지 않는 회사가 많습니다.

사람은 누구나 다른 사람에게 거절당하고 싶지 않습니다. 아니라고 하면 더욱 불타오르는 강자가 있을 수도 있겠지만, 대부분은 아니라고 하면 마음의 상처를 받습니다. 몇 번이고 반복해서 거절당하면, 마음이 부러져 버릴 수도 있습니다. 아니면 '저 사람은 잘 모르니까 애초에 설득하는 것은 무리지'라며 상대방 탓으로 돌리며 포기하고 맙니다. '다시는 기획서 같은 건 내지 말아야지'라며 소극적으로 변해갈 수도 있지요….
이런 일은 어디서나 일어나는 일이라 생각합니다.

다만, 여러분도 깨달으셨겠지만, 상대방을 설득하지 못하는 원인은 기업의 계층형 구조 때문만은 아닙니다. **많은 경우에 여러분의 설득 방법에도 문제가 있습니다.**

저는 업무 내용과는 관계없이, 설득하는 사람과 설득하지 못하는 사람의 차이는 오직 한 가지라고 느꼈습니다. 그 차이는 바로 "예스 코드Yes Code'를 아는가 모르는가?'에 있습니다.

인사가 늦었습니다. 히라다 다카코입니다. 지금은 로토제약Rohto Pharmaceutical Co., Ltd.(일본의 일반의약품 회사_역주)의 경영 기획부 신규 사업 개발 부장을 맡고 있습니다. 지금 회사에서 근무하기까지 몇 개의 회사를 경험했지요. 커리어 측면에서는 계속해서 마케팅 외길을 걸어왔습니다.

대학 졸업 후에 입사했던 페리시모 오리엔트Felissimo Orient(일본의 패션 및 라이프 스타일 브랜드를 운영하는 회사_역주)에서는 상품 개발과 PR을 담당했습니다. 2004년에는 P&G로 이직하여, 소취제 '페브리즈'와 섬유 유연제 '레노아' 등 히트 상품을 담당했습니다. 그 후에는 마케팅 디자인 매니저로서 미국, 중국용 상품 브랜딩에도 관여했습니다. 이후 대형 유통 회사 이

온 ÆON으로 이직하여 브랜드전략실 디렉터로 근무했으며, 제지 전문 회사 오지네피아Oji Nepia에서는 적자에 시달리던 가정용 제지 부문의 전 브랜드를 대상으로 개혁을 추진했습니다. 그다음 로토제약으로 이직했고, 현재는 미국 자회사로 건너와 실리콘 밸리를 거점으로 삼아 신규 사업 개발 총괄로 활동하고 있습니다.

중견기업에서 대기업, 글로벌 기업까지, 다양한 기업에서 근무했습니다. 그러면서 다양한 설득 사례를 경험했습니다. 마케팅 전략의 가치를 이해시키기 위해 이해관계인을 설득하거나 자사 제품을 판매하기 위해 고객을 설득하거나 같은 목표를 향해 업무할 수 있도록 저의 팀 구성원을 설득하거나 하는 것처럼 말이지요. 여러분도 저처럼 아쉬운 기억도 있겠지만, 설득이 성공하여 일의 성과를 낸 경험도 많이 있으실 것입니다. 그 경험을 통해 일에서 성공을 거머쥐는 데 중요한 열쇠가 '설득'이라는 점을 실감해 왔습니다.

그렇다면 이해관계가 서로 다른 상대를 설득하려면 무엇이 중요할까요? 제가 경험한 바에 따르면, 앞서 말씀드린 것처럼 핵심은 바로 예스 코드입니다.

예스 코드란 이를 실행하기만 하면 설득하고 싶은 상대방으로부터 간단하게 예스를 끌어내는 행동이나 사고방식을 가리키는 말입니다. 프로그래밍할 때는 코드를 입력하면 자동으로 프로그램이 작동합니다. 그런 것처럼 예스 코드만 알면 예스를 받아 내기 힘들 것 같은 상황에서도 설득에 성공할 확률이 높아집니다.

예스 코드를 통해 특히 강조하고 싶은 것은 '감정'입니다. 설득이라고 하면 일반적으로 '논리적인 설명'이 중요하다고 생각하기 쉽습니다. 여러분도 논리적으로 설득하는 기술을 익히기 위해 이 책을 손에 들었을지도 모르겠습니다. 물론 설득하는 데는 논리도 필요합니다. 그러나 상대방을 설득하는 데 필요한 요소로 '논리'는 아주 적은 부분에 지나지 않습니다. 그보다 중요한 요소는 감정입니다. 상대방의 감정을 흔들어, 움켜쥘 수 있는지가 설득의 성공률을 크게 좌우합니다. 그것이 제가 다양한 현장에서 설득을 경험하면서 도출해 낸 결론입니다.

인간은 논리로만 의사 결정을 하지 않습니다. 오히려 감정으로 의사 결정을 내리는 비중이 더 큽니다. 이는 비즈니스에서도 마찬가지입니다. 예컨대 복수의 거래처 중 한 곳을 선택하는 요인은 금액이나 서비스 내용과 같은 조건만이 아닙니다. 담당자의 자세나 인품, 열정 등의 요소도 상당히 고려합니다. 대기업과의 거래에서도 이러한 점은 변하지 않습니다.

또 사내에서 기획을 프레젠테이션할 때도 의사 결정권자는 기획 내용만 가지고 판단하지 않습니다. '누가 말하는가?'로 판단하는 일도 적지 않습니다. 예를 들어 기획의 발안자가 사내에서 어떤 영향력을 가졌는지도 고려하며, 의사 결정권자와의 관계가 좋은지도 판단에 영향을 미칩니다.

심지어 '단순하게 좋아하는지 싫어하는지'와 같은 지극히 감정적인 요소까지도 판단 기준에 포함됩니다. 안타깝지만 아무리 기획 내용이 좋아도 '저 녀석은 뭔가 건방져서 호감이 가지 않아'라는 비논리적인 이유로 기획이 통과되지 않는 일이 대기업에서조차 발생합니다.

또 무언가 반대 의견을 말할 때는 아무리 옳은 말이라고 해도 상대에게 나쁜 감정을 줘 버리면 처음부터 듣고자 하는 마음이 없을 수도 있습니다.

즉, 아무리 옳다고 생각하는 바를 논리적으로 이야기하더라도, 상대방의 감정을 고려하지 않는다면 상대방을 설득할 수 없다는 말입니다.

제가 어려운 방면에서도 상대방을 설득할 수 있었던 비결은 감정의 중요성을 깨닫고, 이를 바탕으로 전략과 전술을 세웠기 때문입니다.

아마도 상대방을 설득하지 못해서 머리를 싸매는 사람들은 '감정' 관점을 전혀 고려하지 않았던 것이 아닐까요? 아니면 머리로는 '감정이 중요하다'라고 알고 있으면서도, '상대방의 감정 같은 걸 알 수 있을 리가 없지. 생각하기 귀찮아'라며 진지하게 마주하지 않고 방치했던 것은 아닐까요?

안타깝게도 그렇게 해서는 설득하려는 사람에게 예스를 끌어내기란 요원합니다. 업무의 성과가 나지 않는 것도 당연하지요.

이제부터 '예스 코드'에 주의하면서 활용한다면, 지금까지 설득에 미숙했던 여러분도 순식간에 설득에 능숙한 사람으로 다시 태어날 수 있습니다.

제가 실천하고 있는 예스 코드에 대해 남김없이 소개하고자 하는 것이 이 책의 목적입니다. 먼저 결론을 말씀드리자면 예스 코드는 다음과 같은 사고방식을 중시합니다.

- 자기 영향력과 신뢰도를 높일 것
- 상대방의 베네핏(이익, 이점, 은혜)을 파악할 것
- 상대방의 감정을 거스르지 않도록, 순서에 따라 이야기를 진행할 것

이러한 점을 고려하여 전략적으로 설득한다면, 어떤 상대에게도 예스를 끌어낼 수 있습니다. 그 구체적인 방법론을 소개하려 합니다. 지금부터 익혀간다면 '예스 코드'에 입각한 행동을 할 수 있게 될 것입니다.

한 가지 강조하고 싶은 것은 설득에서는 상대방의 감정을 동요시키는 것이 중요하지만, 그 방식이 결코 '기술이나 속임

수로 상대방을 이기는 것'이 아니라는 점입니다.

오히려 '기술이나 속임수로 상대방을 이기지 않는 것'을 소개해야겠다는 생각에서 설득을 주제로 한 책을 쓰게 된 것입니다.

설득력이 있는 사람이 된다는 것은 상대방을 존중하면서도 자기다움을 표현할 수 있는 사람이 되는 것입니다. 다만, 안타깝게도 우리는 이를 배울 만한 기회가 거의 없습니다. 그러니 결국 상대방을 기술로 구슬리려 하게 되지요.

이제부터 소개할 설득의 '예스 코드'를 이해한다면, 100% 진실을 이야기한다는 자세로 설득하는 것이 중요하다는 점을 깨닫게 되실 것입니다.

지금 디지털화가 진행되면서 고객과 기업 간 연결은 끊어지지 않고 계속해서 이어지게 되었습니다. 이럴 때일수록 상대방의 지지를 얻거나, 행동을 촉진하기 위해 설득력은 지금까지보다 더 귀중한 기술이 되었습니다.

설득력을 익히면 상대방이 자신의 의견을 잘 받아들이는 것은 물론, 주변 사람과 소통을 잘할 수 있게 됩니다. 논의가 매끄럽게 진행되기 때문이지요. 이처럼 소통이 원만해지면,

상대방에게 신뢰를 얻게 되므로 깊이 있는 인간관계를 구축할 수 있게 됩니다.

　이 책을 통해 '예스 코드'를 배우면 단순히 설득을 잘할 수 있게 되는 것뿐만 아니라, 자신의 사고방식이 바뀌고, 여러분의 편도 자연스럽게 늘어나게 될 것입니다.
　그렇다면 '예스 코드'란 어떤 전략인지, 이제부터 소개해 보겠습니다.

히라다 다카코

PART 3
설득은 준비로 결정된다

설득의 예스 코드

설득의 5단계(PART 5)

상대방의 베네핏을 파악하는
아홉 가지 질문(PART 3)

5단계: 제안·조율·실행

1단계: 상황 설정

Q9. 최종적으로 전달하고자 하는 바는 무엇인가?

Q1. 상대방의 욕망과 페인 포인트*는 무엇인가?

Q8. Q7의 방법에 관해 다른 선택지는 없는가?

Q2. 페인 포인트를 피하고 원하는 상황을 얻어 내가 위해서는 어떤 단계를 밟아야 하는가?

비언어적 요소

지위

Mindset 3
자신이 제어할 수 있는 일에 초점을 맞춰라

설득

Mindset 1
모든 것이 내 책임이라고 생각하자

4단계: 욕망 확인

Q3. 상대방은 어떤 감정을 느껴야 구체적인 행동으로 옮기는가?

2단계: 라포르 형성

Q7. 제안에 맛을 재기한다면?

Mindset 2 무엇이 진실이지 끝까지 확인하자

감정

호감

Q6. 제안에 부가가치를 더할 수 있는가?

신뢰감

Q4. Q3과 같은 감정을 느끼게 하기 위해서는 무엇을 믿어야 하는가?

Q5. 구체적인 제안은 무엇인가? 어떤 가치를 제공할 수 있는가?

영향력을 높이는
세 가지 마인드셋
(PART 2)

3단계: 페인 포인트 찾기

영향력을 만드는
네 가지 요소(PART 2)

* **페인 포인트** 하고 싶지 않은 일, 아픔, 고통 등 부정적인 감정을 피하고 싶다는 욕망.

PART 1

설득에
관한
YES 세 가지
착각

CODE

잘못된 설득의
상식

설득하지 못하는 사람은 '예스 코드'를 모릅니다. 그런 사람들의 공통점은 '잘못된 설득의 상식'을 맹신한다는 점입니다. 그래서 상대를 설득하지 못하는 전략을 계속 고수하게 되지요. 그렇다면 잘못된 설득의 상식은 무엇일까요? 제 생각에 많은 사람이 다음 세 가지를 착각합니다.

첫 번째, 옳은 말을 하면 설득할 수 있다.

두 번째, 다양한 베네핏(이익, 이점, 은혜)을 전달하면 설득할 수 있다.

세 번째, 안 되는 이유를 제거하면 설득할 수 있다.

이제 하나하나 자세히 살펴보겠습니다.

1. 맞는 말을 하면 설득할 수 있다

첫 번째는 '맞는 말을 하면 설득할 수 있다'는 착각입니다. 논리적으로 '맞다'고 생각해 주장했을 뿐인데, 상사나 팀원들에게는 전혀 받아들여지지 않아 답답함을 느껴 본 일이 있을 것입니다. 예컨대 이런 식으로 말입니다.

"상품 A의 판매 계획은 타사와 차별화를 기하기 위해 플랜 X로 결정해야 한다."

"차기 리더 감으로는 A 씨보다 실력 있는 B 씨가 적임자다."

"효율성을 높이려면 반드시 새로운 설비로 교체해야 한다."

하지만 비즈니스 세계에서는 의견이 옳다고 반드시 통과되는 것은 아닙니다.

그 원인으로는 '의사 결정권자의 의견을 거스를 수 없다'는 경우처럼 제어하기 어려운 사정도 있겠지만, 의견을 제시한 사람에게 원인이 있는 경우도 적지 않습니다. 이렇게 되는 이유는 '상대방을 부정하는 뉘앙스의 발언을 하기 때문'입니다.

사람은 누구나 본능적으로 '내가 맞다', '나는 틀리지 않았다'라고 인정받고 싶은 욕구가 있습니다. 그리고 자기 생각이 맞다고 생각하기 마련이지요. 그런데 자신을 부정하는 말을 듣게 되면, 불쾌한 기분이 듭니다. 심지어 에둘러 말하기는커녕 직설적으로 '틀렸다'라고 하면 마치 한 대 맞은 듯한 기분이 들 것입니다. 그러면 그렇게 말한 사람이 어떤 말을 하건, 설상 그 말이 맞다고 해도 전혀 귀에 들어올 리가 없지요.

상대방이 그렇게 완강한 자세로 나오면 말하는 쪽은 말하는 쪽대로 "나는 맞는 말을 했을 뿐인데 왜…"라며 흥분하기 시작합니다. 그러다 서로 화가 나게 되고, 결국은 일이 꼬이게 됩니다.

저도 예전에 고객 서비스 센터 상담원과 격한 언쟁을 벌인 적이 있습니다. AI 서비스를 구독했는데, 여러 번 로그인 시도를 해도 접속이 되지 않았습니다. 그래서 고객 서비스 센터에 문의했더니, "우리 회사는 잘못이 없다.", "고객님의 컴퓨터 보안 문제다."라며 오류를 인정하려 들지 않았습니다. 다른 상담원이 건네받았지만, "그럴 리 없다."며 반론하더니 흥분하기 시작했습니다. 자기 말을 듣게 하려는 의도인지 큰 소리를 내며, 저를 부정하는 말을 내뱉기 시작했습니다. 그 태도에 저도 그만 화가 나서, 결국은 말싸움으로 번지고 말았습니다. 결국 이유도 알지 못한 채 일주일이나 서비스를 이용할 수 없었고, 어느 쪽 문제였는지는 밝혀지지 않았습니다.

이 에피소드를 통해 "내가 맞다."라고 주장하고 싶은 마음이 얼마나 강한지를 실감할 수 있었습니다. 만약 그 마음이 위협받는다고 느끼면, 상대방의 말은 일체 귀에 들어오지 않게 됩니다. 그리고 자신의 의도를 전달하려다 보니 목소리가 커지기 시작하지요.

이런 상황에서 설득이 잘 될 리가 없습니다. '나는 옳은 말을 하고 있다'라는 마음이 너무 강해지면, 이처럼 엇갈려 버리고 맙니다.

2. 다양한 베네핏을 전달하면 설득할 수 있다

두 번째는 '다양한 베네핏을 전달하면 설득할 수 있을 거라는' 착각입니다. 많은 제안자가 기획을 프레젠테이션하거나 서비스를 영업할 때 그 기획이나 서비스의 장점과 매력을 빠짐없이 잘 전달해야만 한다고 생각합니다.

'이걸 전달하지도 못하고 거절당하면 후회할지도 몰라', '어떤 점이 고객에게 어필할지 모르니, 일단 모든 장점을 다 전하자'. 이런 생각인지도 모르겠습니다.

이 생각이 틀렸다는 말은 아니지만, 그런 사고방식 때문에 잘못된 설득 방법을 선택하게 됩니다.

그 일례로 제가 상담했던, 부동산 영업 사원의 사례를 들어 보겠습니다. 그는 "동기랑 비교했을 때 영업 성과가 좋지 않아서, 어떤 점을 개선해야 할지 상담받고 싶다."라고 했습니다. 이야기를 들어 보니, 그분은 각고의 노력을 기울이고 있었습니다. 부엌 면적이나 바닥 재질, 보안 시설 같은 사양은 물론, 아이 학군 등의 입지도 매뉴얼대로 잘 설명했고, 고객의 질문에도 막힘없이 대답했다고 합니다.

이야기가 끝난 뒤, 저는 이렇게 물어보았습니다.

"고객이 어떻게 느끼는지는 확인해 보셨어요?"

그리고 그에게 이렇게 조언했습니다.

"앞으로는 고객과 대화할 때마다, 고객이 어떤 기분을 느끼고 있는지 의식적으로 확인해 보시기를 권합니다."

구체적으로는 자신이 전하는 정보를 절반으로 줄이고, 대신 고객의 이야기를 경청하여 그가 어떤 삶을 바라는지 끌어내야 합니다. 그렇게 얻은 이야기를 토대로 "여기에서 살게 되면 원하는 라이프스타일을 실현할 수 있습니다."라고 제안하면, 고객이 자연스럽게 구체적인 장면을 떠올리고 공감할 수 있다는 것이 핵심이었습니다.

그러자 그 부분만 바꿨을 뿐인데, 영업 성과가 극적으로 상승했다는 후기를 전해 들었습니다.

이는 이 부동산 영업 사원에게만 해당하는 이야기가 아닙니다. 영업 사원은 기본적으로 판매가 목적이므로, 자신의 능력이나 가능성, 혜택을 전달하는 데 집중하는 경향이 있습니다. 그러나 이것도 저것도 모두 전달하려 들면, 상대방의 반응은 확인하지도 않고 일방적으로 자신이 생각하는 혜택만 전달하려 하기가 쉽습니다.

그런데 혜택을 전달하는 데 과도하게 집중한 나머지 고객의 목소리를 듣지 않게 되면, 상대방은 '내 이야기는 들으려고 하지 않네'라고 느끼게 됩니다. 또한 '판매에만 급급해서 나를 구워삶으려 하는 것 같아'라고 느껴서 점차 멀어지고 말지요.

이처럼 여러분도 판매업자 측의 일방적인 영업에 질린 경험이 분명히 있을 것입니다.

예컨대 휴대폰 가게 직원이 "통신사를 바꿔 보시는 건 어떠세요?"라고 권한다고 해 보겠습니다. 나는 "통신사를 바꾸고 싶지 않다."라고 답했지만, 직원은 자신의 실적을 올리려고 계속해서 다른 통신사의 장점을 홍보하며 강매하려 드는 경우가 있습니다.

대화를 주고받기 힘든 상대에게는 나쁜 인상만 남게 됩니다. 상품이나 기획이 얼마나 좋은가와 상관없이, 감정적으로 질리고 마는 것이지요.

3. 안 되는 이유를 제거하면 설득할 수 있다

세 번째는 '안 되는 이유를 제거하면 설득할 수 있다'는 착각입니다. 상대방이 "안 된다"라고 할 때, "이렇게 하면 할 수 있다", "저렇게 하면 괜찮다" 등 그 이유를 제거함으로써 설득하려는 사람이 있습니다. 이유를 모두 없앨 수 있다면 설득할 수 있다고 생각하는 것이겠지요. 그러나 이런 방법으로는 대부분 설득할 수 없습니다. 사람은 자신의 행동을 스스로 결정하고 싶어 하기 때문입니다.

저 역시 비슷한 실패를 겪어 본 적이 있습니다. 예전에 사무실에서 사이가 좋았던 팀원이 '운동 부족'이라고 하길래, 피트니스 센터에 다니기를 권유했습니다. 그러나 그 동료는 무슨 말을 하건 "피트니스 센터에 가 봤자 뭘 해야 할지 모른다", "시간이 없다", "일이 끝나면 피곤해서 그럴 기운이 없다"라며 못 하는 이유만 늘어놓았습니다. 그래서 "PT 수업을 받는 건 어때?", "회사 근처 피트니스 센터를 등록하면 일정 조정도 가능할 거야", "일이 끝난 후 피곤한 건 사무실 피로 때문이야. 운동하면 기분 전환도 되고 긍정적인 에너지가 나와서 아주 좋아"라며 하나씩 해결책을 제시해 봤지만, 결국 하려는 의지가 없었습니다.

당시 저는 베네핏을 전달하는 방법이 틀렸다고 생각했지

만, 생각을 거듭하는 동안 다른 결론에 이르게 되었습니다.

바로 '안 되는 이유를 제거한다는 전략이 잘못되었다'라는 점입니다. 사람은 자신의 행동을 스스로 결정하고 싶어 하므로, 다른 사람에게 구슬려지는 듯한 기분이 드는 것을 선호하지 않습니다. 그런데도 계속해서 "이래야 한다"라며 정론을 말하는 사람에게는 마음의 문을 닫아 버리게 됩니다. 좋으라고 권한 행동이었지만, 오히려 동료가 마음의 문을 닫게 하고 만 것입니다.

맞는 말이 감정을 건드린다

- 맞는 말을 하면 설득할 수 있다
- 다양한 베네핏을 전달하면 설득할 수 있다
- 안 되는 이유를 제거하면 설득할 수 있다

지금까지 설득과 관련된 세 가지 착각을 살펴보았습니다. 이 세 가지에는 공통점이 있는데, 눈치채셨나요? 바로 상대방의 '감정'이라는 요소가 빠졌다는 점입니다.

직접적으로 맞는 말을 전하면, 상대방은 부정당했다고 여기며 불쾌해합니다. 이쪽이 생각하는 베네핏을 일방적으로 전달하면, 상대방은 '자신의 의향이 무시당한다'라고 느낍니다. 안 되는 이유를 제거하면, 상대방은 자신의 행동이 제어당했다고 느끼며 답답해합니다. 이처럼 상대방의 감정 변화를 전혀 고려하지 않았던 것입니다. 고려하기는커녕, 오히려 감정을 건드리고 말았다고 할 수 있습니다.

'설득하지 못하는' 사람들이 빠지기 쉬운 함정은, 자신이 전달하려는 형식에 너무 집중한다는 점입니다. 어떤 순서로 이야기할 것인가, 어디를 강조할 것인가, 파워포인트 자료를 얼마나 예쁘게 만드는가… 이러한 점에 과도하게 집중한 나머지, 감정적인 부분은 전혀 고려하지 않습니다.

그러나 인간은 감정을 지닌 존재이기에, 이성만으로는 살아갈 수 없습니다. 이를 이해하지 못한다면 상대방의 마음을 사로잡을 수 없을 것입니다.

인간은 감정으로
의사 결정을 한다

저는 P&G와 로토제약 등에서 꾸준히 마케팅 업무를 하며 '고객에게 어떤 방식으로 상품이나 서비스를 전달할지'를 고민해 왔습니다. 그런 과정에서 '사람은 감정으로 의사 결정을 한다'라는 점을 깨달았습니다.

소비자의 구매 행동만 봐도 이러한 점을 알 수 있습니다. 가장 알기 쉬운 사례가 바로 아이폰입니다. 새로운 아이폰이 출시되면, 그때마다 가게 앞에는 새로운 아이폰을 구하려는 사람들이 장사진을 치곤 합니다. 1~2세대 전의 아이폰도 사용하는 데는 아무런 문제가 없지만, 의외로 1년마다 업그레이드하고 싶어 하는 사람이 적지 않습니다. 기능이 극적으로 바뀐

것도 아닌데, 왜 갖고 싶어 할까요? "새로운 아이폰을 들고 있는 모습이 멋지다", "휴대폰이 곧 사회적 신분이다"와 같이 감정적인 이유 때문임이 틀림없습니다.

사람은 감정으로 내린 결론을 나중에 논리로 정당화하기도 합니다. 가령 어느 한 상사가 "A 씨를 좋아하지 않아서 A 씨의 기획을 통과시키지 않았다"라며 감정적으로 업무 진행을 방해했다고 해 봅시다. 그는 그 결정을 "B 씨의 기획이 A 씨의 기획보다 SNS 운용 면에서 뛰어났다"라는 등 이유를 붙여 정당화합니다.

아이폰을 예로 들어도 마찬가지입니다. 새로 발매된 아이폰으로 교체할 때, 사람들은 "카메라 해상도가 높다"거나 "고속 프로세서를 탑재했다"는 기술적인 이유를 근거로 들지만, 실제로 그러한 기술을 잘 활용하는 사람은 거의 없습니다. 기술 사양을 언급함으로써 자신의 감정적 판단을 정당화하는 것입니다.

애플이 소비자의 감정을 잘 다룬다고 할 수 있지요. 그런데 이러한 감정 선행형 정당화는 다른 상품에서도 나타납니다. 명품이나 채소 주스를 사는 이유도 결국 '감정' 때문입니다.

예를 들어 천만 원 넘는 고가의 명품 가방은 실용성만 생각한다면 그렇게까지 돈을 들여 살 필요가 없습니다. 하지만 그 가방을 가지고 있으면, 다른 사람이 지나갈 때 "와, 이 사람 대단하다", "예쁜 가방을 들고 있네", "이 사람 부자인가 봐" 하며 부러워하는 시선을 느낄 수 있습니다. 사람들은 이러한 우월감이라는 감정을 욕망하기 마련입니다.

또한 뉴욕의 피프스 애비뉴**Fifth Avenue**나 로스앤젤레스의 로데오 드라이브**Rodeo Drive**처럼 명품 숍이 즐비한 거리에는 신선한 채소 주스를 파는 가게도 많습니다. 지금까지는 다이어트나 건강에 관심이 있는 여성들이 주로 구매했지만, 최근에는 남성이 구매하는 모습도 흔히 볼 수 있습니다. 이 사람들이 '맛'과 '건강'을 이유로 주스를 구매할 수도 있지만, 건강에 좋은 주스를 손에 들고 있으면 건강을 신경 쓸만큼 여유로워 보이고, 젊어 보여서 '멋진 사람'으로 비쳐질 수 있습니다. 이러한 감정을 얻기 위해 주스를 구매하는 사람도 적지 않을 것입니다.

제가 자주 가는 샌프란시스코 해변에는 스카이다이빙을 즐길 수 있는 장소가 있는데, 많은 사람이 몰립니다. 스카이다이빙을 하는 사람은 상쾌함과 흥분을 느끼고, 공포를 극복함으로써 자기 자신을 이겨 내고 성장한 듯한 감각을 경험하기 위해 비용을 지불하는 것이 아닐까 생각합니다.

다른 각도에서 보면, 사람은 상품이나 서비스를 감정으로 구매한다기보다 '감정 그 자체를 산다'라고 말하는 편이 더 정확할지도 모릅니다.

머리 좋은 사람만이 아는 설득력

감정이 먼저,
전술은 그다음

사람은 소비 행동뿐만 아니라 의사 결정도 감정으로 합니다. 심지어 고객에서 상품이나 서비스를 판매할 때, 회사에서 기획을 통과시킬 때, 일상생활에서 무언가 부탁을 받을 때도 감정을 무시하면 절대로 설득에 성공할 수 없습니다.

기쁘다, 화난다, 혐오한다… 상대방의 이러한 감정을 끌어내어 욕망을 발견할 수 있다면, 상대방이 납득하고 '예스'라고 할 만한 접근이 가능해집니다. 반대로 말하면, 일단 상대방과 감정적으로 통하기만 하면 어떤 결단이든 간단하게 정당화할 수 있습니다. 그러니 솔직하게 상대방의 마음만 사로잡을 수 있다면, 다른 모든 일은 자연스럽게 따라오게 되는 것입니다.

감정이 먼저이고, 전술은 그다음입니다. 우선 감정적으로 사로잡는 과정이 중요합니다.

일단 예스 코드에 대해 상세히 알아보기 전에, 지금까지의 자신을 되돌아보고 잘못된 방법으로 설득해 왔다는 점을 깨달아야 합니다. 그리고 지금까지 설득할 기회를 많이 놓쳐 왔다는 사실을 몸소 느껴야 합니다. 그것이 바로 출발점이기 때문입니다. 이 책에서 이야기한 세 가지 착각에서 깨어난 후에야, 비로소 설득이라는 모래판에 서서 싸울 준비가 되었다고 할 수 있습니다.

영향력이
없으면

YES   설득할 수
      없다

CODE

영향력과 설득력은
비례한다

여기에서는 '예스 코드'란 무엇인지 상세하게 소개하고자 합니다. 예스 코드를 익히기 위해서는 상대방의 감정을 고려하여 전략적으로 이야기를 이끌어 가야 하는데, 그것만으로는 아직 부족합니다.

앞서 설명한 것처럼 '무엇을 말하는가?'보다 '누가 그것을 말하는가?'가 중요하기 때문입니다. 저는 이야기의 내용에 앞서 설득하는 사람의 '영향력'이 크게 영향을 미친다고 생각합니다.

영향력이란 한마디로 '상대방의 사고나 행동을 좌우하는 힘'을 의미합니다. 이렇게 말하면 논리적인 이야기 전개나 교묘한 화술을 떠올리기 쉽지만, 제가 말하는 영향력은 양쪽 모

머리 좋은 사람만이 아는 설득력

두 아닙니다. 이야기 내용과는 상관없이 상대방에게 영향을 미치는 힘을 일컫습니다.

예컨대 여러분이 다이어트를 하려고 다이어트 전문가를 찾아가 상담을 받으려 한다고 해 봅시다. 이때 다이어트 전문가가 체중 100kg은 가볍게 넘어 보이는 뚱뚱한 사람이라면 그 사람의 충고에 귀를 기울일 수 있을까요? 만약 그 사람이 의사 자격을 가진 세계적인 전문가에다, 알고 보면 조언의 내용까지 몹시 뛰어나다고 하더라도 그 사람이 하는 말에 귀를 기울이기란 어려울 것입니다. 설득력이 없기 때문이지요.

반대로 그 전문가의 체형이 내가 생각하는 이상적인 체형이고, 실제 나이보다 10년은 어려 보이는 데다 에너지까지 넘쳐흐른다면, 유명한 사람이 아니라도 그 사람의 하는 말에는 귀를 기울이게 될 것입니다. 틀린 말을 하더라도 굳게 믿을 수도 있습니다.

이처럼 업무적으로 설득해야 할 때도 설득하는 사람이 가진 '영향력'은 매우 중요합니다.

만약 완전히 똑같은 기획이라 하더라도 발표자가 과거에 다양한 프로젝트를 성공으로 이끈 경험이 있는 사람이라면, 별다른 실적이 없는 사람과는 그 설득력에서 큰 차이가 생겨납니다. 전자라면 평범한 기획조차 통과되겠지만, 후자는 아무리 훌륭한 기획이라도 통과되지 않기도 합니다.

'영향력'과 '설득'은 세트입니다.

이런 이야기를 들으면 '나같이 평범한 사람은 별다른 '영향력'이 없는데'라고 생각할지도 모르겠습니다. 그러나 모든 사람이 영향력을 가질 수 있습니다. 2파트에서는 평범한 사회인이 영향력을 가지는 방법을 소개하고자 합니다.

제 목표는 이 책을 통해 부정적인 영향력이 아니라, 긍정적인 영향력을 가진 사람을 탄생시키는 것입니다. 상대방을 설득하여 더 좋은 방향으로 이끄는 사람 말입니다. 그런 인물이 될 수 있도록 노력해 갑시다.

지위가 주는
영향력

우선 '영향력'을 만드는 요소에 대해 짚고 넘어가겠습니다. 대표적인 요소는 '지위', '열정', '전문성', '비언어적 요소non-verbal', 네 가지입니다.

가장 알기 쉬운 것이 지위입니다. 지위란 일반적으로 특정한 문맥이나 조직 내에서의 역할, 위치, 위상, 직위 등을 가리킵니다. 더 높은 위치와 역할을 가진 개인은 더 큰 권한이나 책임을 갖는 만큼 자연스럽게 큰 영향력을 가지게 되지요.

지위가 갖는 영향력은 그 사람의 설득력이나 발언력까지 강하게 만들어 줍니다.

만약 여러분이 대기업에 근무하는 사원이라고 해 봅시다.

어떤 측면에서 봐도 해야 할 의미가 없는 기획을 검토하라는 지시를 받았는데, 이를 지시한 사람이 회사에서 별다른 힘도 없는 과장이라면 여러 이유를 대며 거절할지도 모릅니다. 그런데 지시한 사람이 인망이 두터울뿐더러 미래의 사장이 될지도 모르는 사업부장이라면 어떨까요? 그 사람의 위엄과 권위에 눌려 받아들이는 사람이 있을지도 모릅니다. 심지어 세계적으로 유명한 일론 머스크가 "미안하지만, 아침까지 부탁하겠네."라고 한다면, 1초도 망설이지 않고 젖 먹던 힘까지 쏟아 가며 기획에 집중하지 않을까요?

이치에 맞지 않는 일이라도 지위가 높은 사람이 이야기하면 설득되고 마는 이유가 무엇일까요? 아마도 다음과 같은 생각을 하기 때문일 것입니다.

첫째로는 '거절하면 나중에 불이익을 당할 것 같아서 거절하기 어렵다'라는 점입니다. 다른 힘든 일을 시킨다거나, 큰 기회가 될 만한 일이 나에게는 돌아오지 않게 된다거나, 도움이 필요할 때 도움을 받을 수 없다거나⋯. 이 같은 사태를 초래하는 일은 누구라도 피하고 싶을 테지요.

반대로 '이 사람의 지시를 따르면 좋은 인상을 심어 줄 수 있고, 나중에 좋은 기회를 얻을 수도 있다'라는 기대감을 가질 수 있어요. '이번에 내가 수고해 주면 다음에 도와주겠지?' 하고 가능성이 희박하다는 사실을 알면서도 은근히 기대하는 마음을 갖게 되는 것이죠.

또 '나는 의미 없다고 생각하지만, 지위가 높은 사람이 하는 말이니 어쩌면 또 다른 의미가 있을지도 모르지'라고 생각할 수도 있습니다. 지위가 높은 사람에게는 내가 차마 생각하지 못한 무언가가 있을 수 있고, 시야 또한 넓을 것입니다. 그렇게 생각해 보면 우선 이야기를 들어 두는 편이 낫지 않을까 하는 생각이 듭니다.

이처럼 이치에는 맞지 않더라도, 설득하는 사람이 높은 지위에 있으면 설득이 통하는 경우가 현실에서는 아주 허다합니다.

지위는 직책만을 의미하지 않습니다. 세계적인 기업에서 일하는 사원, 일류 대학의 교수, 어려운 시험에 합격한 변호사나 공인회계사, 유명 대학이나 고등학교 졸업생 등 세상에는 다양한 권위가 존재합니다. 그러한 권위를 가지는 것만으로도 영향력이 생기며, 설득력이 높아지는 일은 적지 않습니다.

또한, 판매자와 고객처럼 상대적인 관계성에 따라 지위가 결정되는 일도 비일비재합니다. 평소에는 판매자가 물건을 팔고 있으므로 고객의 지위가 높은 것처럼 보이지만, 사막 한가운데서 물을 파는데 목마른 고객이 나타나 물을 사려는 경우에는 판매자의 지위가 더 높아집니다.

열정이 주는
영향력

지위 다음으로 그 사람의 영향력을 결정짓는 요소는 '**열정**', '**전문성**', '**비언어성**'입니다. 열정은 그 사람의 정렬을 가리킵니다. 개인의 노력이나 대의, 아이디어에 쏟는 에너지도 여기에 **열정을 가진 사람이 많은 에너지를 들여 설득하고자 덤비면, 이 열정은 전염되고 맙니다.** 흥미나 신념을 다른 사람에게 공유하면 그 사람도 설득되고 말지요. 만약 기획 발표 때 '이 기획은 꼭 하고 싶다'라는 열정을 가지고 기획의 가능성을 피력한다면, 듣는 이는 그 기세에 압도되어 설득될 것입니다. 그 감정이 진실하고 강할수록 영향력도 강력해집니다.

전문성이 주는
영향력

'전문성'은 그 사람이 얼마나 그 분야에 정통한지를 나타냅니다. 그 사람이 해당 분야에 대한 전문 지식을 가지고 있거나 풍부한 경험이 있다면 영향력이 높아지게 되고, 설득력도 생겨납니다.

예컨대 마케팅 분야라면 최신 마케팅 이론을 배운 사람이나 챗GPT 같은 최신 기술을 누구보다 빨리 접해서 이를 마케팅에 어떻게 살릴지 연구하는 사람은 전문적인 지식이나 의견을 가졌다고 평가받습니다.

엔지니어건 영업이건 인사건 똑같습니다.

무언가를 작업할 때 필요한 스킬이 뛰어난 사람도 '전문성이 있다'라고 인정받습니다. 예를 들어 엑셀이나 파워포인트를 잘 다루는 사람이 있습니다. 실제로 저는 파워포인트를 매우 선호하는데, 다양한 스킬을 활용하여 시각적으로 보기 좋은 프레젠테이션 자료를 만들어서 주변에서 "파워포인트를 잘한다."라고 인정받곤 했습니다. 이런 것도 전문성에 해당합니다.

전문성은 본업에만 한정되지 않습니다. 경영대학원에서 배운 지식은 물론이고, 취미 분야라도 회사에 도움만 된다면 높은 평가를 받습니다. 예컨대 사진에 관해서라면 프로에게도 지지 않을 만큼 최신 기술에 밝고, 프로용 장비까지 갖추고 있다면 그 분야의 전문가로 평가받을 수 있습니다.

실제로 제가 전에 근무했던 부서에는 사진과 관련해서는 취미 수준을 크게 뛰어넘는 분이 있었습니다. '사진이라면 그 사람'이라는 인식이 생겨나서 신입사원 환영회 때나 회사 이벤트 촬영은 물론이고, 특수한 상품의 이미지 촬영이 필요할 때 등 여기저기에서 조언을 구하곤 했습니다.

또 IT 기업이 아닌 회사에서는 프로그래밍이 취미인 사람도 단연코 눈에 띕니다. 만약 골프를 잘 친다면 골프 접대가 많은 회사에서 귀중한 대접을 받을 것입니다.

이처럼 전문성은 설득할 때도 도움이 됩니다.

재미있는 점은 전문성을 가진 사람이 그렇게까지 전문 지식이 없어도 할 수 있는 이야기를 하더라도, 마치 **전문적인 의견처럼 여겨진다는 점**입니다.

　가령 사진 전문가라고 인정받는 사람이 "촬영할 때는 마음을 담아 촬영하는 것이 가장 중요해요."라고 말하면 주변에서는 "기술을 추구하다 보면 궁극적으로는 기술보다 마음에 도달하게 되는구나."라고 이해한다는 말입니다.

　전문성에는 그 정도의 영향력이 있습니다.

비언어적 요소가 주는 영향력

또 하나 영향력을 높여 주는 중요한 부분은 바로 '비언어적 요소'입니다.

예컨대 목소리의 톤과 억양, 말투, 표정과 제스처, 시선 처리, 외모와 복장 등 언어로 표현할 수 없는 감각적인 요소가 포함됩니다.

이러한 인상이 좋으면 영향력이 높아지고, 설득력이 생겨납니다.

예를 들어 아이콘택트에 관해 이야기해 봅시다. 상대방의 눈을 피하지 않고 이야기하는 사람은 자신감이 넘치고 신뢰할 수 있겠다는 인상을 줍니다. 반대로 시선을 회피하고 눈을 데굴데굴 굴리는 사람은 무언가 거짓을 말하는 듯한 인상을 주므로 설득력이 없습니다.

겉모습에서도 구깃구깃한 양복을 입은 채 등을 잔뜩 구부리고 있는 사람보다는 잘 다려진 양복을 몸에 걸치고 등을 꼿꼿이 편 사람의 말이 더 설득력 있어 보입니다.

말투에 관해서는 조금 더 복잡합니다. 언뜻 커다란 목소리로 청산유수처럼 술술 말하는 사람이 믿음직스러워 보이지만, 말투가 너무 교묘하면 오히려 신용하기 어렵게 느껴지기도 합니다. 그보다는 다소 어수룩해 보이더라도 자기 말로 소박하게 표현하는 사람이 더 믿음직스러울 수도 있습니다.

그렇게 생각해 보면 비언어적 요소는 다양한 요소가 조합되어 결정된다고도 볼 수 있겠습니다.

인간은 보편적으로 자신에게 익숙한 것을 보면 안심하게 됩니다. 깔끔한 양복을 걸친 세련된 신사 숙녀와 전신에 문신이 새겨진 펑크록 밴드의 드럼 연주자가 나란히 서 있다면, 사실은 후자가 사업으로 성공한 억만장자일지라도 전자가 성공한 사람으로 보이기 쉽습니다.

이처럼 비언어적 요소는 세상이 가진 이미지에 크게 좌우된다고 할 수 있습니다.

일론 머스크와
스티브 잡스의 영향력

지금까지 설명했듯이 영향력이란 지위, 열정, 전문성, 비언어적 요소라는 네 가지를 바탕으로 결정됩니다. 이 네 가지가 하나씩 작용하여 영향력의 바탕을 형성하며, 네 가지를 갖출수록 영향력은 커지게 됩니다.

네 가지 구성요소의 관점에서 유명한 경영자를 살펴보면, 지위뿐만 아니라 복수의 요소를 가지고 있다는 점을 알 수 있습니다.

예를 들어 일론 머스크**Elon Musk**를 살펴보겠습니다.

그는 테슬라와 스페이스X 등 여러 유명 기업의 CEO로서 지위를 포함해 복수의 절대적인 영향력을 가지고 있습니다.

예컨대 '열정' 측면에서 살펴봅시다. 일론 머스크는 야심이 클 뿐만 아니라, 초미래적 아이디어에 열정을 쏟는 것으로 유명하지요. 그는 테슬라의 전기 자동차나 하이퍼루프의 고속철도, AI를 비롯한 선진 기술을 사용한 기업의 투자자이자 CEO이며, 스페이스X를 통해 화성을 식민지화하려는 대담한 프로젝트를 이끌고 있습니다. 미래를 향해 나아가는 리더십 측면에서 일론 머스크의 열정은 아주 확고하며, 세계에서 절대적인 영향력을 발휘하고 있습니다.

또한, 일론 머스크는 자기 자신이나 자신의 회사가 직면한 과제에 대해 직접적인 발언을 하여, 대중이 감정적으로 이끌리게끔 만드는 일이 빈번합니다. 일론 머스크의 X 게시물만 봐도 "인류의 최대 문제를 해결하고 싶다.", "인류를 진화시켜 나가겠다."처럼 야심 찬 목표를 공공연하게 밝혀 강렬한 감정을 불러일으키고 팔로워를 완전히 매료시키곤 했지요.

일론 머스크의 '비언어적 요소'에도 주목할 만한 가치가 있습니다. 일론 머스크의 프레젠테이션은 단순히 유명할 뿐 아니라, 그만의 독특한 소통 스타일로 잘 알려져 있습니다. 그는 늘 인류의 미래와 연결된 큰 비전을 제시하면서도 솔직하게 말하고, 때로는 자신을 드러내는 유머와 해학으로 청중과 거리를 좁힙니다. 이런 진정성과 자연스러움이 큰 공감을 불러일으키며, 드라마틱한 시연과 함께 청중의 마음을 강하게 사로잡습니다.

애플의 창업자인 스티브 잡스**Steve Jobs**도 지위뿐만 아니라 '열정'이나 '비언어적 요소'까지 뛰어났다는 점은 이미 많은 사람이 알고 있습니다. 스티브 잡스가 고객이나 청중과 대화하는 수단은 프레젠테이션이었는데, 프레젠테이션만으로도 열정이 전해질 정도였지요.

앤 해서웨이는
오렌지를 껍질째 먹는다?

영향력의 놀라운 점은 한번 확립되기만 하면 사실이 아닌 정보조차 믿게 할 정도의 힘이 생긴다는 점입니다.

예전에 한 토크쇼에서 사회자가 여배우 앤 해서웨이**Anne Ha-thaway**에게 "피부가 늘 깨끗한데, 특별한 비결이 있나요?"라고 묻자, 그녀는 잠시 장난스럽게 "저는 과일을 껍질째 먹어요. 오렌지도 껍질을 벗기지 않고 베어 먹습니다."라고 답했습니다. 이 말에 청중은 놀라움과 감탄을 터뜨렸지요.

하지만 곧이어 그녀는 웃으며 "정말 제가 그렇게 할 거라고 믿으신 건 아니겠죠?"라며 농담임을 분명히 했습니다. 그러면서 "유명인이 하는 말을 무조건 믿어서는 안 됩니다. 말이 사실인지 확인해 보는 과정이 필요해요."라고 덧붙였습니다. 그러나 인간의 심리로는 아무리 엉뚱한 말이라도 그것을 영향력 있는 사람이 한다면 곧이곧대로 믿어버리기 쉽습니다.

바꿔 말하자면 우리는 진실을 확인하기보다 '그 사람이 얼마나 영향력 있는 사람인지'에 눈이 가기 마련입니다. 그러니 누구나 영향력만 있다면 자신을 믿게끔 설득할 가능성이 생겨나지요.

이를 악용하는 자가 바로 사기꾼입니다. 영향력이 강한 사람을 신용하는 심리를 이용하여, 영향력이 강한 사람처럼 꾸며 냅니다.

예컨대 투자 사기를 노리는 사람은 투자로 돈을 끌어모으는 것처럼 꾸며 내려고 어떤 짓이건 합니다. 투자 이익으로 구매했다며 고급 차를 몰면서 그 차 안에서 샴페인을 터트린다거나, 퍼스트 클래스를 타고 두바이에 갔다며 SNS에 피드를 올리거나, 고급 초밥집이나 프렌치 레스토랑에 가는 모습을 보여 주지요.

알고 보면 고급 차는 렌터카였고, 두바이에는 가지도 않았으며, 사실은 끼니를 걱정해야 하는 형편이면서 사기를 치기 위해 부자 행세를 합니다. 지위가 높은 사람처럼 보이기 위해 행동하고, 비언어적 요소로 허세를 부리며 가짜 영향력을 연출하고 있는 것뿐이지요. 그렇게 하면 순진한 사람은 '이 사람은 퍼스트 클래스를 탈 만큼 돈을 잘 버는구나. 대단해'라고 착각하게 됩니다. 그런 사람은 사기꾼이 소개하는 투자 클럽 초대에 응하려고 고액 회비를 내고 맙니다. 사기꾼은 아니지만, 인플루언서 중에도 성공한 사람으로 보이게끔 잘 꾸며 내는 사람이 적지 않습니다.

이 책의 독자 여러분은 영향력을 악용하는 사람이 없기를 바라며, 영향력은 그만큼 강력한 힘을 가지고 있다는 점을 반드시 기억해 두시기를 바랍니다.

왜 내가 하는 말을
듣지 않을까?

영향력은 설득할 때 힘의 균형을 크게 좌우합니다.

아무리 옳은 말을 해도 지위가 낮고, 전문성도 없고, 비언어적 요소가 주는 인상도 그저 그런 사람이라면 영향력이 낮으므로 상대방을 설득하기 어렵습니다.

회사에서 리더 자리에 있으면서도 "우리 구성원들은 내가 하는 말은 전혀 듣질 않아. 내가 시킨 일을 안 해."라며 불평하는 사람이 있습니다. 그러나 구성원들이 당신의 말을 듣지 않는 이유는 당신에게 영향력이 없기 때문입니다. 직설적으로 말하자면 당신이 시원찮아 보여서 무시하고 있기에 당신이 하는 말을 듣지 않는 것이지요. 그런 사람은 아무리 부하를 설득하려고 해도 결국 설득하지 못합니다.

자신이 부하를 잘 다루지 못한다거나 업무를 수행하지 못하는 상황이라면, 이는 부하의 실력 탓이 아니라 자기 영향력이 부족하기 때문이라고 생각해야 합니다.

결국, 중요한 것은 설득할 때 상대방과 힘의 균형이 어떤지를 객관적으로 꿰뚫어 볼 수 있어야 한다는 점입니다. 지위가 낮다면 전문성이나 비언어적 요소로 보충할 수 있는지, 열정으로 공략할 것인지를 고민하여 영향력을 보완해야 합니다.

예컨대 젊은 사원이 임원이나 부문장급을 상대로 프레젠테이션할 때는 그들이 가지지 못한 전문성을 강조하여 "이 일을 하고 싶다!"라고 열정을 표출하며 비언어적 요소를 구사한다면 영향력을 보완할 수 있습니다.

자신이 가진 영향력만으로 싸울 것이 아니라, 주변 사람의 영향력을 활용하여 자신에게 부족한 영향력을 보완하는 것도 하나의 방법입니다.

예컨대 전문성을 가진 주변인을 활용하는 것이 그런 방법입니다. AI에 관한 기획을 통과시키고 싶을 때는 젊은 사원이라도 AI에 정통한 사람을 팀에 합류시키면 "전문성을 가진 사람이 참여한다면 좋은 기획이겠지."라고 영향력과 설득력이 생겨납니다.

외부 실력자를 데려와 영향력을 만들어 내는 방법도 있습니다.

예를 들어 제가 로토제약에서 헬스케어 관련 프로젝트를 기획했을 당시, 미국의 최상위 대학인 하버드대학교 의과대학 산하의 헬스케어 기술 전문 연구소 소속인 '헬스테크 연구원'이 프로젝트에 직접 참여했습니다.

로토제약은 그 헬스테크 연구원이 만든 스타트업에 협력하여 의료기기 시장에서 새로운 솔루션을 제공할 기회를 만들어 낼 수 있었지요.

심지어 제가 그 헬스테크 연구원을 알게 된 것은 하버드 의과대학과 MIT(매사추세츠 공과대학교)의 이중 프로그램인 헬스테크 이노베이션 클래스를 다닐 때였습니다.

이처럼 다른 분야와의 협력을 통해 자신이 가지지 못한 요소를 보완하는 경우가 많습니다.

또 요즘 시대에는 SNS를 통해 간단하게 사외 인맥을 만들 수 있는 만큼 적극적으로 다른 사람과의 네트워크를 형성하여 영향력을 높여 갈 수 있을 것입니다.

일상에서 길러지는
영향력

이처럼 다른 사람의 힘을 빌리는 방법도 있지만, 항상 그럴 수 있는 것은 아닙니다. 그러므로 평소 자신의 영향력을 높이기 위해 노력해야 합니다.

지위가 낮은 사람이 영향력과 높은 설득력을 가지려면 나머지 요소에 해당하는 열정이나 전문성, 비언어적 요소를 단련해야 합니다.

우선 열정부터 살펴봅시다. 평소 자신이 하는 일에 열의와 헌신을 보여야 합니다. 이렇게 하다 보면 동료들 사이에서도 "굉장히 의욕적이고 헌신적인 사람이다."라고 평가받게 됩니다.

가령, 미팅이나 브레인스토밍을 할 때도 적극적으로 발언하면 상사나 동료에게 열의를 보일 수 있습니다. 유의미한 발언을 하면 자신의 존재 가치도 높일 수 있지요.

그렇게까지는 아니어도 평소 동료뿐만 아니라 다른 부서 사람들과 성실하게 소통하며, 좋은 관계를 다져 두는 것도 훌륭한 방법입니다. 신뢰 관계를 구축해 둔 사람들은 혹시 설득해야 할 일이 생겼을 때 호의를 가지고 이야기를 들어 줍니다.

전문성과 관련해서는 누구나 나다움을 살린다면 전문성을 익힐 수 있습니다. 일단 자신이 비교적 잘하는 일이나 좋아하는 분야를 파고들거나, 무언가 흥미가 있는 일을 공부해 봅시다. 특히 젊은 사람이라면 자신이 좋아하는 분야에서, 무엇을 자신의 전문 분야로 삼을지 고민해 봅시다.

포인트는 지금 직장에서 누구도 가지지 못한 전문성을 찾아내야 한다는 점입니다.

제 지인은 20대 중반에 인터넷 투자 회사의 마케팅 디렉터로 발탁되었는데, 그런 인사가 진행될 수 있었던 이유는 다음과 같습니다. 바로 증권 회사에서 특화된 영역의 스킬을 익힌 후, 구글에서 마케팅을 담당하여 이른바 금융과 IT와 마케팅을 융합한 독특한 커리어를 가지고 있었기 때문입니다.

이분처럼 특별한 커리어는 아니더라도 자기 직장에서 아무도 하지 않는 분야를 파고들면, 영향력이 높아지기 쉽습니다.

기업이나 학교에서는 스페셜리스트보다 제너럴리스트를 기르려 하는 경향이 있으므로 전문성을 가지기란 쉽지 않겠지만, 자신이 흥미 있는 분야를 찾아보기를 추천합니다.

그런 다음 축적한 지식이나 의견, 아이디어를 아낌없이 사내에 공유해야 합니다.

P&G에는 '러닝 앤 쉐어링**Learning & Sharing**'이라는 글로벌 브랜드팀이 마케팅 방법의 성공담과 실패담을 공유하는 자리가 있습니다. 지위가 높은 사람이건 낮은 사람이건 모두가 자신의 시행착오 경험을 발표하고 공유합니다. 이를 통해 다른 팀에 공헌할 수도 있으며, "이럴 때는 그 사람에게 물어보는 편이 좋다."라고 인식될 수 있습니다.

이런 자리가 없어도 평소 자신이 시행착오를 겪었던 결과나 전문성을 어필해 두면 눈에 띌 수 있고, 설득이 필요할 때 점차 설득력이 생겨납니다.

비언어적 요소에 관해서도 자신감이 흘러넘치는 적극적인 인상을 줄 수 있도록 평소 아이콘택트나 말투, 제스쳐 등을 의식해 봅시다.

제가 어느 임원 모임에 참석해 보면, 여성은 저 혼자인 데다 나이까지 가장 어릴 때가 있습니다.

그럴 때는 회의실에 들어가면서 "좋은 아침입니다."라고 큰 소리로 인사를 하곤 합니다. 이렇게 언제나 건강하고 활기찬 인상을 주려고 노력하는 것이지요.

추가로 제가 의도해서 하는 행동은 아니지만, 언제나 회의가 많다 보니 사무실에 있을 때는 빠른 걸음으로 자주 걷습니다. 그러자 "언제나 열심히 일한다.", "히라타 씨는 활기차고, 언제나 활동적으로 바쁘게 업무를 한다."라며 열정적인 사람이라는 평가를 받게 되었습니다.

사무실에 한 발이라도 내디뎠다면 항상 누군가가 당신을 보고 있으며, 평가받고 있음을 의식해야 합니다. 회의뿐만 아니라, 자기 자리에 앉아 있을 때도 사람들은 지켜보고 있습니다. "모두가 나를 쳐다보고 있다고 생각하면, 신경 쓰여서 집중할 수가 없어."라고 생각하는 사람이 있을지도 모르겠지만, 저는 "사무실은 업무 이외의 일로 자신을 평가받을 수 있는 공간"이라고 생각합니다. 사무실에서 집중하여 일하다 보면, 어떤 의미로는 비언어적 요소를 보여 줄 수 있는 가장 좋은 지름길이 아닐까요?

이 같은 일들이 반복되면 갑자기 설득해야 할 때 효과를 발

휘하게 됩니다. 반대로 말하자면 그런 노력도 없이 단지 프레
젠테이션 자리에서 어떻게 해 보려고 한다면 너무 얌체 같다
는 생각이 들기도 합니다.

당신의 영향력이 부족한 부분은 어디인가?

열정

열정이나 에너지

지위

직위나
역할, 위치

비언어적 요소

목소리나 말투,
외모 등

전문성

전문 지식이나
경험

영향력을 높이는
세 가지 마인드셋

지금까지 영향력을 만들어 내는 네 가지 요소를 소개했습니다.

여기에 더해 또 한 가지 영향력을 높일 수 있는 마인드셋Mindset을 소개하겠습니다. 다음과 같은 사고방식을 가진다면 주변에서 신뢰할 수 있는 사람이 될 수 있고, 설득해야 할 때도 이야기를 들어 주는 사람이 많아질 것입니다. 반드시 의식해 보시길 바랍니다.

1. 모든 것이 내 책임이라고 생각하자

회사에서 자신의 기획을 통과시키고 싶지만, 결과가 생각대로 되지 않는다거나 설득이 잘 안 될 때는 '저 사람이 준비를 더 잘 해 줬으면 좋았을 텐데', '저 사람이 먼저 설명해 줬으면 더 좋은 자료를 만들 수 있었을 텐데'와 같이 주변 사람이나 환경 탓을 하기 쉽습니다. '자신을 지키고 싶다'라는 방어기제가 발동하는 탓이겠지요. 하지만 이처럼 남 탓하는 사고 방식은 입 밖으로 꺼내지 않더라도 자연스럽게 흘러나오기 마련입니다.

'모든 것이 내 책임'이라는 마음가짐을 가져야 합니다.

내 책임이라고 생각하면 설득뿐만 아니라, 스스로 일을 제어할 수 있게 됩니다.

설득의 결과가 잘못된 방향으로 진행될 때 늘 남 탓만 하고 있다면, 그 일에 대해 되돌아볼 때 내가 무슨 일을 할 수 있었는지 개선할 점이 무엇인지 찾을 수가 없습니다. 개선하지 못한다면, 다시 비슷한 설득을 할 때도 잘될 리가 없지요.

무슨 일이 생겨도 그것은 내 책임이라고 마인드셋해 두면, 모든 점에서 개선할 부분이 보이게 되므로 점차 발전해 나갈 수 있게 될 것입니다.

2. 무엇이 진실인지 끝까지 확인하자

무언가 문제가 생겼을 때는 '무엇이 진실인지 확인하려는' 태도를 가져야 합니다. 예컨대 제가 홈쇼핑 회사에서 근무한 지 얼마 되지 않았을 때 대만 회사와 협력하여 상품을 기획하려고 대만으로 출장을 간 적이 있었습니다.

기획 제안용 프레젠테이션 자료를 작성하려고 선배에게 상대 회사의 정보를 물어보니 "나도 상대방에 대한 정보가 없다."라는 답이 돌아왔습니다.

'일부러 출장까지 가서 우리 상품을 기획하려고 하는데, 상대 회사를 모른다니…'라고 생각했지만, "프레젠테이션 자료는 적당히 만들어."라는 말을 듣고, 일단 제가 조사한 정보를 토대로 자료를 작성했지요. 선배에게 보여 줬더니 "이 정도면 되지 않겠어?"라고 하기에, 그대로 프레젠테이션을 진행했습니다.

그렇게 했더니 아니나 다를까 망했습니다…. 기획이 통과되지 않았을 뿐만 아니라, 프레젠테이션 준비가 미비한 탓에 상대 회사를 화나게 만들고 말았습니다. 심지어 그날 밤 선배와 상사에게 "히라다 탓에 실패했다."라며 혼나기까지 했습니다.

사전에 작성한 자료는 선배에게 OK를 받았습니다. 그런데도 신입이고 경험치가 낮은 제가 책임을 추궁받아야 했습니다. 자기들에게 잘못이 없다고 말하기 위해서 저에게 책임을 뒤집어씌우려고 했던 것이겠지요.

앞에서 내 책임이라고 생각해야 한다고 말씀드렸지만, 이럴 때도 내 책임이라고 여겨야 할까요?

제 대답은 "그런데도 내 책임이라고 생각해야 한다."이지만,

하나 더 덧붙이고 싶은 말이 있습니다. 바로 "객관적으로 무엇이 진실인지를 확인하는 일"이 중요하다는 점입니다. 안 좋은 이야기를 들었다는 것처럼 감정적인 부분은 일단 제쳐두고, 이 경우 무엇이 진실인지를 살펴보면 '충분한 정보가 없다는 점'과 '우리가 상대방의 회사를 위해 무엇을 할 수 있는지에 대한 판단이 허술했다는 점'입니다.

'정보를 주지 않은 선배 잘못이다', '아무것도 모르면서 혼내기만 하는 상사가 원망스럽다'라고 불평만 한다면, 선배나 상사와 똑같이 아무런 발전도 없을 것입니다. 좋은 방향으로 발전하려면 다음부터는 자신이 그 부분까지 제대로 파악하면 됩니다. 그렇게 생각하면 싫은 경험도 약이 됩니다. 감정은 제쳐 두고, 무엇이 진실이고 무엇이 부족했는지에 초점을 맞춰야 합니다. 설득할 수 있는 사람이 되기 위해서는 그러한 마음가짐을 갖춰야 합니다.

3. 자신이 제어할 수 있는 일에 초점을 맞춰라

영업에서 물건을 판매하거나 팀 프로젝트 기획을 통과시키는 것처럼 다양한 종류의 설득이 있지만, 어떤 무대에서건 '해석력'이 중요합니다.

이는 한마디로 자신에게 일어난 일을 정리하고, 딛고 일어나는 힘을 일컫습니다.

심리학에서는 '인식적 재해석cognitive reappraisal'이라고 하는 사고방식으로, 스트레스를 만들어 내는 '스트레스 요인'에 대한 인식을 수정하여, 사건을 대체하는 방법입니다.

내 주변에서 일어나는 사건을 모두 제어할 수는 없습니다. 예컨대 회사에서 "이런 기획을 통과시키자."라고 해도, 방해꾼이 나타나 "뭔가 흥미롭지 않다."라고 한다거나, 다른 부서에서 반대하는 등 다양한 장애물이 나타납니다. 예를 들어 자신이 발의한 안건이 부당한 취급을 받는다거나 상사에게 미움을 받는다거나 임원이 발목을 붙잡는 등의 일은 스스로 해결할 수 없습니다.

그러나 내가 그 일에 어떻게 반응하고, 해석하여, 다음 결과로 무엇을 내보일지는 유일하게 자신이 제어할 수 있습니다. 그렇다면 주변 반응을 냉정하게 파악하여, 수정하면 됩니다. 자신이 그 사건에 어떻게 반응할지가 중요합니다. 이처럼 해석력을 통해 사건을 재해석하는 것을 습관화하면 내가 할 수 있는 일에만 집중할 수 있게 됩니다. 그것이 설득의 명암을 가르게 될 것입니다.

PART 3

설득은
YES **준비로
결정된다**
CODE

게으른 준비는
실패할 준비다

설득에 성공하려면 반드시 '준비'를 해야 합니다.

'준비를 게을리하는 것은 실패할 준비를 하는 것과 같다'라고 해도 과언이 아닙니다.

사전에 철저히 준비를 해 두면 설득할 때도 이야기를 매끄럽게 진행할 수 있고, 정신적으로 안정되어 있기 때문에 상대방에게도 '자신감 있게 설득한다'라는 인상을 줄 수 있습니다.

그렇다면 구체적으로 어떤 준비를 해야 할까요? 저의 실제 준비 루틴을 소개한 뒤, 자세히 설명해 보겠습니다.

여기서 키워드는 '감정'입니다.

상대방의 베네핏 파악하기

준비해야 할 일은 산처럼 쌓여 있지만, 가장 중요한 점은 '상대방의 베네핏 파악하기'입니다.

무엇을 설득하건 설득에 성공하기 위해서는 **상대방에게 득이 된다고 느끼게 하는 것이 중요**합니다. 그런 내용이 없다면 사람의 마음은 동하지 않습니다.

'그건 너무 당연한 거 아니야?'라고 생각하실지도 모르겠습니다만, 실제로 설득할 때는 의외로 무시하는 일이 적지 않습니다.

위에서 설명한 사례와 관련하여 적당한 사례를 소개해 보겠습니다. 얼마 전에 제 지인이 근무하는 소비재 제조사 X사가 마케팅 협력 업체를 선정할 때의 이야기입니다.

마케팅 협력 업체 최종 후보로 대기업 A사와 개인 사업자 B 씨가 선정되었지요.

기획서만 봤을 때는 어느 한쪽을 선정하기가 어려울 정도였지만, 프레젠테이션이 끝난 뒤 X사가 최종적으로 선정한 곳은 개인 사업자 B 씨였습니다. X사는 보수적인 회사이기 때문에 개인 사업자와는 거의 거래하지 않습니다. B 씨를 선택한다면 X사가 소비세를 전적으로 부담해야만 하는데도 B 씨가 낫다고 판단한 것입니다.

어째서 B 씨를 선택한 걸까요? 그 이유는 '프레젠테이션에서 X사가 얻을 수 있는 베네핏을 강조하여 제안했기 때문'이었습니다.

A사는 프레젠테이션에서 텔레비전 광고 음악이나 이벤트, 대기업과의 거래 등 화려한 실적을 어필했습니다. "우리는 이런 일도 할 수 있다"라는 내용이었지만, X사의 과제에 적합한 제안은 없었습니다. 텔레비전 광고 음악은 X사가 오히려 기피하는 광고 기법이었기에 흥미가 일지 않았던 것이지요. 요약하자면, A사는 X사가 얻을 수 있는 베네핏에 대해서 연구한 흔적이 보이지 않았던 것입니다.

이에 반해 B 씨는 지금까지 유사 업계의 소비재 제조사 실적을 근거로 설명했을 뿐 아니라, "보도 자료를 배포한 뒤 트

래킹을 통해 어떤 정보를 내보냈을 때 어떤 소비자가 보는지 확인할 수 있다"라며 효과 검증 방안을 제시했습니다. X사는 그동안 보도 자료의 효과를 측정할 방법이 없어 고민해 왔기 때문에, 그의 제안이 더욱 매력적으로 다가왔던 것입니다.

비즈니스 상황에서는 기본적으로 상대 기업에 '우리에게 어떤 이익을 줄 수 있는가?'를 묻습니다. 따라서 기획서를 작성하거나 프레젠테이션을 할 때는 무엇보다 상대방의 베네핏을 철저히 분석해야 합니다. 그것은 할 수 있는 일을 일방적으로 설명하는 자리가 아니기 때문입니다.

물론 상대방의 이야기를 경청하지 않았다면 베네핏을 완벽하게 짚어 내기는 어렵습니다. 그러나 준비 단계에서 최대한 예측하고 대비해 두어야 합니다.

우리는 흔히 자기만의 '렌즈'를 통해 세상을 바라보고, 그 렌즈를 통해 상대의 생각과 감정, 경험까지 짐작할 수 있다고 착각합니다. 하지만 그것만으로는 상대를 제대로 이해할 수 없습니다. 진정한 설득은 자기 렌즈가 아니라 상대의 렌즈로 세상을 보려는 노력에서 시작됩니다. 그러니 미루어 짐작할 게 아니라 상대방의 렌즈로 봤을 때 어떤 일이 일어나고 있는지, 어떤 생각과 감정이 드는지를 고민하고 상대방을 잘 알아보려고 노력해야 합니다.

두 가지 시점으로
바라본 베네핏

베네핏은 크게 '기능적 베네핏'과 '감정적 베네핏'으로 나눌 수 있습니다.

기능적 베네핏이란 물질적인 이득을 의미합니다. 예컨대 '돈을 많이 벌어서 여러 가지 물건을 살 수 있게 되었다', '편리한 물건을 받아서 생산성이 높아졌다'와 같은 일 말이지요.

감정적인 베네핏이란 감정적인 이득을 의미합니다. '그 일을 할 수 있어서 기쁘다', '그 사람 앞에 설 수 있어서 기쁘다'처럼 긍정적인 감정도 있고, '최악의 사태를 피하고 싶다', '위험을 사전에 방지하고 싶다'와 같이 부정적인 감정도 있습니다.

베네핏은 사람에 따라 전혀 다릅니다.

예컨대 똑같은 최신 아이폰을 샀을 때 '편리한 스마트폰을 샀다'라고 기능적인 베네핏을 느끼는 사람도 있지만, '휴대폰은 신분 같은 거지. 자랑할 수 있겠다'라고 느끼는 사람도 있습니다.

다른 예로 회사에 긴급한 일이 생겼을 때 어떤 사람은 '야근 수당을 받을 수 있다'라고 생각합니다. 반면 어떤 사람은 '도움이 될 수 있어 기쁘다'거나 '상대방에게 신세를 지게 했다'라고 생각하기도 합니다. 물론 두 가지 마음을 동시에 느끼는 사람도 있겠지요.

따라서 상대방이 어떤 베네핏을 가졌는지, 기능과 감정이라는 두 가지 측면에서 생각해 보면 좋습니다. 특히 중요시해야 할 점은 '감정적 베네핏'입니다. 앞서 언급한 대로 상대방이 어떤 감정을 소중히 여기는지, 무엇을 피하고 싶은지를 파악해 둬야만 설득이 잘 이루어질 수 있습니다.

상대방이 한 사람이 아니라, 회사 같은 조직이라면 다양한 상황을 상정해 보고 조직이 얻을 수 있는 베네핏을 생각해 봐야 합니다. 난이도는 높아지겠지만, 이를 잘 파악하지 못하면 설득할 수 없을 것입니다. 포기하지 말고, 치열하게 들여다 보고 숙고해 보시기 바랍니다.

의사 결정에 영향을 끼치는 공포

앞에서 베네핏에는 '최악의 사태를 피하고 싶다', '위험을 미연에 방지하고 싶다'와 같이 페인 포인트도 있다고 이야기했습니다.

'두려움fear'은 사람이 쉽게 좌우되는 페인 포인트 중 하나입니다.

예컨대 '내 자산을 잃고 싶지 않다', '내가 죽은 후에 아이가 불안한 삶을 살지 않았으면 한다', '주변 사람이 나를 촌스럽다고 여기지 않았으면 한다' 등이 있습니다.

'이런 일이 일어나면 곤란하다', '이런 사태는 바라지 않는다'와 같은 감정도 포함됩니다.

이와 같은 상대방의 '두려움'을 파악해 낼 수 있으면, 설득하기가 쉬워집니다.

그 감정을 읽어 내 설득에 활용하는 대표적인 사례가 <mark>생명보험</mark>입니다.

"혼자서 아이를 키우고 계시는군요. 만약 당신이 갑자기 세상을 떠나게 되면, 남은 아이는 어떻게 되나요? 누군가 아이를 돌봐 줄 분이 계시나요?"라며 공포를 자극합니다.

그런 다음 "그런 상황을 대비해서 이 보험을 들어 두세요. 이 보험은 당신이 죽은 후에도 60세까지는 매월 10만 엔씩 생활비가 지급됩니다."라며 이야기를 이끌어 가지요. 원하지 않는 상황을 피할 수 있게 도와주는 것은 보험이라는 특정한 수단뿐이라고 고객을 이해시키고, 고객은 보험에 가입해야만 한다고 생각하게 됩니다.

제가 P&G에서 참여했던 소취제인 페브리즈의 광고 콘텐츠에서도 공포를 자극하는 버전을 준비했습니다.

예를 들어 거치형 페브리즈의 텔레비전 광고에서는 친구 집에 놀러 간 아이를 데리러 갈 때, 현관문을 연 순간 "뭐야? 집에서 쓰레기통 냄새가 나."라고 합니다. 이 광고는 어쩌면 우리 집에도 손님이 왔을 때 현관에서 냄새가 난다고 느낄지도 모른다는 공포심을 불러일으키지요. **그 공포를 피하기 위해서**

는 페브리즈를 사야만 한다고 생각하게 만드는 셈입니다.

광고는 기본적으로 소비자의 사고가 축적되어 최종적으로는 사고 싶다고 생각하게 만드는 전개로 구성되어 있습니다.

예컨대 저는 공부에 몰두하는 성향이 있어 UCLA의 MBA 과정뿐만 아니라 하버드나 MIT의 다양한 코스에도 참여하며 배움을 이어 왔습니다. 단순히 '다양한 공부를 하고 싶다', '흠뻑 빠져 열중하고 싶다'라는 욕구 때문만은 아닙니다. '새로운 것을 배우는 과정이야말로 컴포트 존comfort zone(익숙한 영역)에서 벗어나는 길이다', '고통은 선물이며, 어려운 경험을 통해서 성장할 수 있다'라는 믿음이 있었기에 꾸준히 공부를 계속해 온 것입니다.

상대방에게 제공할 수 있는 베네핏에 대해 생각해 볼 때는 공포의 영향력을 염두에 둡시다.

베네핏을 파악하는
아홉 가지 질문

상대방의 베네핏을 파악하기 위해 도움이 되는 것이 지금부터 소개할 아홉 가지 질문입니다. 이 질문을 상대방 입장에서 대답해 보시기 바랍니다.

질문은 '니즈', '오퍼', '반론', '전달'이라는 네 가지 단계로 나누어져 있습니다. 이 순서대로 생각해 보면 빠지는 요소는 없을 것입니다.

베네핏을 파악하자

1

상대방의 욕망과 페인 포인트는 무엇인가?

2

페인 포인트를 피하고, 원하는 상황을 얻어내기 위해서는 어떤 단계를 통과해야 하는가?

3

상대방은 어떤 감정을 느껴야 구체적인 행동으로 옮기는가?

4

Q3과 같은 감정을 느끼게 하기 위해서는 무엇을 믿어야 하는가?

5

구체적인 제안은 무엇인가?
어떤 가치를 제공할 수 있는가?

6

제안에 부가가치를 더할 수 있는가?

7

제안에 반론을 제기한다면?

8

Q7의 반론에 관해 다른 선택지는 없는가?

9

최종적으로 전달하고 싶은 바는 무엇인가?

머리 좋은 사람만이 아는 설득력

완벽하게 대답하지 못해도 괜찮습니다. 생각해 본다는 것 자체가 상대방을 다방면으로 이해할 수 있도록 도와주고, 상대방과 더욱 가까워지게 해 주기 때문입니다.

사전에 가능한 만큼 대답해 보고, 확실하게 대답하지 못한 부분은 대화를 진행하면서 파악하도록 해 봅시다.

상대방에게 다가가기 전에 이러한 질문에 대답해 보는 습관을 들이면, 상대방에게 제공할 수 있는 베네핏이 무엇인지 자연스럽게 생각해 보게 되는 습관이 생길 것입니다. 반드시 시도해 보시기 바랍니다.

Q1 상대방의 욕망과 페인 포인트는 무엇인가?

1번부터 4번까지는 잠재된 니즈와 표면화된 니즈, 그러한 니즈 자체를 살펴보는 질문입니다. 질문에 대답함으로써 상대방의 니즈를 확인해 볼 수 있습니다.

첫 질문을 통해 상대방의 욕망이나 페인 포인트를 살펴봅니다. 이를 사전에 파악하고 있으면 기획서나 프레젠테이션에서 그 감정을 직접적으로 언급할 수 있습니다.

욕망이란 '이런 것을 하면 즐겁다', '이것을 사면 흥분된다', '이것을 갖고 있으면 자존감이 올라간다'처럼 감정에 근원한 욕구를 일컫는 말입니다.

예를 들어 이 책을 산 사람은 '다른 사람을 잘 설득해서 내가 하고 싶은 일을 실현하고 싶다'라는 욕망이 있지 않을까요?

한편, 페인 포인트란 하고 싶지 않은 일, 아픔, 고통 등 부정적인 감정을 피하고 싶다는 욕망입니다.

예를 들어 개인적인 페인 포인트로는 '일하기 싫다', '사람들에게 미움받고 싶지 않다', '공부하고 싶지 않다'와 같은 다양한 고통이 있을 것입니다.

이 책을 찾을 독자들에게도 저마다의 페인 포인트가 있을 것입니다. 예컨대 '설득하지 못하면 결국 하기 싫은 일을 억지로 해야만 하는 상황'일 수도 있고, 아무리 설득해도 상대가 절대 행동으로 옮기지 않을 때, '나는 정말 구제 불능인가?' 하고 자괴감을 느끼는 순간일 수도 있습니다.

사람이 좋고 쾌적한 방향으로만 움직일 리도 없을뿐더러, 아픔을 피하려고 행동할 것입니다.

오히려 고통을 멀리하고 싶은 마음이 동기를 부여하는 데 훨씬 도움 되기도 합니다. 예컨대 "이 일을 하면 200억을 벌 수 있어요."라고 하기보다 "이 일을 하지 않으면 미래에 200억을 손해 보게 될 거예요."라고 하는 편이 행동의 동기를 증대시키곤 합니다. 이기는 것보다 지는 것을 더 두려워하므로, 이를 피하고 싶다는 감정이 생겨나는 것이지요.

같은 일을 하더라도 사람마다 느끼는 감정은 각양각색입니다. 주스 가게에 줄을 선 남자는 '칭찬을 받고 싶다', '나를 대단하다고 인식했으면 좋겠다'는 감정을 위해 주스를 살 수도 있고, 건강하기 위해 주스를 살 수도 있습니다. 또는 질병이나 질병에 수반되는 고통을 예방하고자 주스를 살 수도 있을 테지요.

페인 포인트는 사람에게만 있는 것이 아닙니다. 기업 시점에서도 다양한 고충이 있습니다. '자금난을 겪고 싶지 않다', '할 일이 없어지는 상황은 피하고 싶다', '일손 부족으로 직원들에게 부담을 지우고 싶지 않다', '고객 불만을 줄이고 싶다' 등의 고충이 있을 수 있지요.

상대방이 어떤 감정을 소중히 여기고, 무엇을 피하고자 하는지를 다양한 각도에서 생각해 봅시다.

Q2 페인 포인트를 피하고, 원하는 상황을 얻어 내려면?

두 번째 질문은 '어떤 단계를 밟아야 페인 포인트를 피하고 원하는 상황을 얻어 낼까?'입니다.

그 페인 포인트를 피하고, 심지어 무언가 기쁨이나 쾌감을 얻기 위해서는 구체적으로 어떤 행동을 해야 할까요? 그런 방향으로 한발 다가가기 위해 상대방이나 그들이 지금 할 수 있는 일은 무엇일까요? 이러한 점을 생각해 봅시다.

이 책을 예로 들어 설명하자면 '책을 사서 감정에 기반한 설득 방법을 배우고, 비즈니스 현장이나 일상생활에서 실천하는 것'이라고 할 수 있습니다.

이런 사고방식은 마케팅 업무와 상당히 흡사합니다.

광고를 포함한 마케팅은 그 상품을 판매하기 위해 상대방을 설득하고, '갖고 싶다'라고 생각하게 만드는 과정입니다. 광고 매체가 상대방을 설득하는 것이지요. 광고와 완전히 똑같은 과정이기 때문에, 저는 '설득=마케팅'이라고 해도 될 것 같다고 생각합니다.

두 번째 질문을 구체적인 행동으로 옮기려면 어떤 감정을 느껴야 합니다. 사람은 감정 자체를 불러일으키는 동시에, 지금 느끼는 그 감정으로 인해 행동하게 되기 때문입니다.

예컨대 이 책으로 말하자면 이 책을 읽지 않으면 인생에서 손해를 본다며 공포를 느끼게 할 수 있겠지요.

"이 책에 나오는 설득 방법을 익히지 않으면, 프레젠테이션에서 통과하기도 힘들고, 팀을 통솔하기도 어렵다."

"이 책을 읽지 않으면 누군가에게 영향력을 발휘할 수 없게 될 것이다." 이러한 위기감을 불러일으키는 것입니다. 어쩌면 그 사람은 무언가에 매우 설레거나, 공포를 느끼는 사람인지도 모릅니다. 그것이 무엇인지 생각해 봅니다.

Q4 무엇을 믿어야 그 감정을 끌어낼까?

니즈에 대한 네 번째 질문은 "그 감정을 느끼게 하기 위해서는 무엇을 믿어야 하는가?"입니다. 무언가를 믿기 때문에 최종적으로는 그 감정을 느끼게 됩니다.

예를 들어 피부가 하얘지고 싶은 여성이 건강 보조 식품을 사는 경우입니다. 건강 보조 식품을 사지 않으면 피부가 하얘질 수 없으므로, 인기를 얻을 수 없다고 믿습니다. 그래서 건강 보조 식품을 구매하게 되는 것입니다.

바라는 감정을 더 많이 얻기 위해서, 또는 반대로 바라지 않는 감정을 피하려는 목적이 오직 특정 수단을 통해서만 달성된다고 믿는다면, 사람들은 자동으로 행동하게 됩니다.

Q5 니즈에 대해 구체적인 제안은?

니즈를 생각해 보면 제안과 관련하여 다음과 같은 질문을 생각해 볼 수 있습니다.

가장 첫 번째 질문은 "구체적인 제안은 무엇인가?"입니다.

예를 들어 착즙기를 팔고 싶다면 "한 달 동안 계속 과채즙을 내어 먹었더니 2.7kg이 빠졌다.", "장 활동이 원활해져서 피부가 좋아졌다." 같은 실제 효과, 가치를 생각하게 됩니다.

또 '바쁜 거래처를 설득하여 사흘 내에 마쳐야만 하는 작업을 맡긴다'라는 목표를 달성하기 위해서는 구체적으로 '급한 작업을 부탁하는 대신, 작업량을 추가해 지급한다'라고 제안할 수 있겠지요. 이를 통해 '기존보다 더 많은 이익을 얻을 수 있다'라는 가치를 제공할 수 있습니다.

예를 들어 목표가 '임원을 설득해 자신의 기획을 통과시키는 것'이라면, 구체적으로 '이 책을 읽어 보라'는 제안을 할 수 있습니다. 그렇게 함으로써 '난공불락처럼 보이는 임원을 설득할 수 있다', '영업이나 마케팅 상황에도 효과적으로 대응할 수 있다', '인간관계 형성에도 도움이 된다'와 같은 가치를 상대방에게 제시할 수 있을 것입니다.

Q6 니즈를 반영해 제안의 가치를 높일 수 있는가?

제안에 대한 또 하나의 질문은 "더 매력적으로 보이기 위해 어떤 가치의 요소를 더할 수 있는가?"입니다. 가치를 추가하여 기존의 가치를 다면적으로 만드는 것이지요.

예컨대 사용한 만큼 비용을 지불하는 방식으로 경제적인 렌탈이 가능하다는 점을 어필하거나 '주스 재료가 되는 채소나 과일을 정기 배송해 준다', '착즙기를 사면 사은품도 준다' 등 본래의 제안에 가치를 더하는 것입니다.

또, 급하게 일을 부탁해야 할 때는 '앞으로 이익률이 높은 다른 건도 맡기겠다'고 약속함으로써 설득력을 높일 수 있습니다.

가치나 제안을 돋보이게 만드는 부가가치를 고안하는 데 참고가 되는 것이 '가치 피라미드 **The Elements of Value Pyramid**'입니다. 고객이 제품이나 서비스를 평가할 때 어떤 가치가 있는지를 특정하는 데 도움이 되는 '가치 요소'를 일컫는 말입니다.

기술이 빠르게 변화하는 현대 사회에서 소비자의 니즈는 복잡하게 변화하고 있습니다.

다음 그림에서 제시하는 서른 가지 가치를 활용하여 상품과 서비스가 지닌 기본 속성을 구체적으로 짚어 봅시다.

가치를 기능적 **Functional**, 감정적 **Emotional**, 생활 변화 **Life Changing**, 사회적 영향 **Social Impact**이라는 네 가지 카테고리로 나누어 도식화했습니다.

예를 들어 전자 결제 서비스의 가치를 살펴보면, '시간 절약', '간소화', '노동 경감'과 같은 기능적 요소가 포함되어 있습니다.

그렇다면 1만 달러 이상이나 하는 라이카 카메라는 어떨까요? 이 카메라가 지닌 가치는 바로 '자아실현'입니다. 또한 유명한 사진가가 한 세기에 걸쳐 사용해 온 카메라를 소유한다는 의미에서 '가보'의 가치도 있다고 할 수 있습니다.

이 서른 가지 기본적 속성은 상당히 독특합니다. 가치 요소에 대한 접근 방식은 매슬로 **Abraham Maslow**의 인간 욕구 5단계

이론**Maslow's hierarchy of needs**을 확장했다고도 일컬어집니다.

　제품이나 서비스가 가지는 가치 요소가 많으면 많을수록 로열티가 높아지고, 기업의 수익도 지속 성장해 갑니다.

사회적 영향**Social Impact**의 가치

자기 초월

생활 변화**Life Changing**의 가치

희망 제공　　자아실현

동기 부여　　가보(다음 세대를 위한 투자)　　소속(제휴)

감정적**Emotional** 가치

불안 감소　　나에 대한 보상　　향수**鄕愁**　　디자인(심미)

배지 가치(제품과 동일해진 느낌)　　건강**Wellness**

치유적 가치 초월　　재미**Entertainment**　　매력 초월　　접근성

기능적**Functional** 가치

시간 절약　　단순화　　수입　　위험 감소

정리　　통합　　연결　　노력 줄이기　　번거로움 피하기

비용 줄이기　　품질　　다양성　　감각적 어필　　정보

출처: Bain & Company의 '고객 가치의 서른 가지 요소'를 바탕으로 작성

설득할 때 제안에 대해 질문한다면 무엇을 제안할 수 있는 지, 그 제안을 더욱 효과적으로 만드는 부가가치가 무엇인지 묻는다면 이 피라미드 안에 있는 서른 가지 가치 중에서 대답할 수 있을 것입니다. 예컨대 시간을 절약할 수 있다거나 돈을 절약할 수 있다는 등 다양한 측면에서 생각해 두면 좋겠지요.

Q7 제안에 관해 반론한다면?

다음으로 상대방의 '반론'에 대해 생각해 봅시다. 이쪽에서도 기능적인 베네핏에 대한 반론뿐만 아니라, 감정적인 베네핏에 대한 반론도 충분히 신경 써야 합니다.

상대방에게 제공할 수 있는 제안 가운데 불리하게 작용할 수 있는 점은 무엇일까요? 상대방이 제기할 수 있는 반론을 특정해 봅니다.

착즙기를 예로 든다면, "바쁜 아침 시간에 주스를 만들다니…. 24시간 중에서도 아침의 10분은 정말 소중한데 말이에요. 그 10분을 쪼개 활용해야 한다니…", "심지어 착즙기는 설거지하기도 귀찮은데.", "애써 만들지 않아도 시중에서 판매하는 주스를 사면 되는 거 아닌가?"라고 반론할 것은 쉽게 예상해 볼 수 있습니다.

　또 이 책을 예로 들자면, "이 두꺼운 책을 읽으면 이해야 할 수 있겠지만, 하루 만에 습관화할 수 있는 것도 아니잖아요.", "설득이란 게 결국 다른 사람의 마음을 억지로 움직이는 것 같아 불편해요. 저는 누군가의 마음을 그렇게 조작하고 싶지는 않아요." 같은 반론을 예상해 볼 수 있겠습니다.

　제 경험을 토대로 말하자면, 제지 회사에 근무했을 때 어떤 상품의 판촉 기획을 하면서 연예인을 기용하자는 아이디어를 낸 적이 있습니다. 그 회사에서는 전례가 없는 일이었고, 당연히 반대가 예상되었지요. "전례가 없다."라는 반론은 다른 회사에서도 자주 등장하는 반대 의견이니까요.

Q8 반론에 관해
다른 선택지는 없는가?

　예상되는 반론을 생각해 보았다면, 그다음에는 '검토해 볼 만한 다른 선택지는 없는가?'를 고려해야 합니다.

　착즙기의 사례를 예로 들자면, 그러한 반론에 대해 "콜드 프레스로 영양소 파괴를 줄였다.", "양이 적기 때문에 금방 마실 수 있다.", "짜내고 남은 찌꺼기는 다른 요리에 활용할 수 있다.", "간단하게 세척할 수 있다.", "시판 주스보다 다양한 주스를 만들 수 있으며, 레시피도 많다." 등의 대답을 준비해 두는 것이지요.

　제지 회사의 사례를 들어 보면, 다음과 같은 해결책을 미리 준비했습니다.

"다른 상품에서 기용한 애니메이션 캐릭터와 비슷한 예산으로 기용할 수 있다."

"연예인을 모델로 기용하면 더 다양한 프로모션을 기획할 수 있으며, 매체 제작도 하기 쉽다."

이러한 반론은 효과적이었고, 결국 전례 없는 도전을 성공으로 이끌었습니다.

만약 상대방이 반론을 제기한다면 일단 그 의견에 공감하는 자세를 보여야 합니다.

많은 사람은 상대방이 언급한 반대 의견이나 단점을 무시하려고 합니다. 상대방의 의견을 뭉개고, 자신의 의견을 밀어붙이려고 하지요. 착즙기 사용이 번거롭다는 반론에 대해서는 "10분 정도라면 그렇게 귀찮은 건 아니지 않나요?"라고 부정하려고 합니다.

그러나 직접 부정하면 상대방이 불쾌하게 여겨 더 이상 이야기를 듣지 않으려 할 수도 있습니다.

우선은 상대방의 생각을 경청해야 합니다. 그다음에, 반론에 대한 답을 할 수 있도록 사전에 생각해 둡시다.

그렇다면, Q9. 최종적으로 전달하고자 하는 바는 무엇일까요?

이는 다시 말해, 상대방에게 구체적으로 어떤 행동을 기대하는지를 묻는 것입니다.

착즙기 사례로 예를 들어 보면, 상대방에게 "그러면 착즙기를 렌탈해 봐야겠다."라는 말을 듣는 것입니다.

아홉 가지 질문에서
돌파구를 찾아라

베네핏을 파악하기 위해 필요한 아홉 가지 질문을 살펴봤으니, 이제 실제 현장에서 어떻게 적용되었는지 사례를 통해 확인해 보겠습니다. 제가 직접 상대방을 설득하며 성과를 낸 경험을 소개해 드리겠습니다.

어느 제조사와 있었던 일입니다. 저희 회사는 한 상품을 단종하기로 결정했습니다. 따라서 제조를 담당하던 협력 업체 공장으로 상품의 생산 중단을 요청하기로 했습니다.

협력 업체는 이러한 결정에 따라 큰 타격을 입게 되었지요.

그 때문에 단종 결정 이후 즉시 생산 업체는 납품 단가를 올려 버리는 경우가 흔했습니다. 기존 가격의 두 배를 요구하는 일도 허다했지요.

그러나 이를 받아들이면 우리 쪽 이익이 대폭 감소하게 됩니다. 그렇게 되지 않도록 협력 업체를 설득하려면 어떻게 해야 할까요?

이때는 니즈를 생각해 보는 질문과 제안을 생각해 보는 질문을 통해 '페인 포인트는 무엇인가?', '이를 타개할 만한 제안은 없는가?'를 생각해 봐야 합니다.

단종으로 인해 생기는 협력사의 페인 포인트는 '일이 없어지고, 수입이 감소한다'라는 부분입니다. 그러나 '그것을 보충할 만한' 제안을 한다면, 페인 포인트를 없앨 수 있습니다.

여기서 제안을 하나 했습니다.

"아직 구체적으로 말씀드리기는 이르지만, 만약 우리 R&D가 귀사의 기초 기술을 기반으로 새로운 기술을 창출한다면, 공동으로 특허를 내거나 논문을 발표하는 기회를 함께 만들어 가는 건 어떨까요?"

연구자에게 가장 큰 보람은 자신의 성과를 세상에 알리는 일이기 때문입니다. 게다가 특허를 출원할 때는 회사와 공동 명의로 진행하자고 덧붙였습니다.

이 제안은 확약도 아니고, 몇 년 뒤에 이루어질지도 알 수 없습니다. 그러나 협력사는 그 제안을 받아들였고, 가장 마지막에 납품받은 상품 가격은 2배는커녕, 기존보다 더 낮은 가격이었습니다.

그 협력사가 불투명한 앞날을 감수하면서도 제안을 받아들인 이유는 페인 포인트를 자극하는 제안이었기 때문입니다.

협력사는 작은 회사이고, 연구 개발 예산도 한정적이었습니다. 연구자에게 이름 있는 기업과 함께 논문을 낼 수 있다는 사실이 매력이었지만, 당시의 연구 환경에서는 쉽게 실현하기 어려운 조건이었습니다.

따라서 연구비를 대기업으로부터 지원받아 공동 눈문을 추진하자는 제안은 연구자에게 상당히 매력적인 선택지로 작용했습니다. 심지어 특허가 인정되어, 라이센스를 받을 수 있다면 더 매력적입니다.

이처럼 상대방이 무엇을 원하는지, 약점은 무엇인지, 무엇을 하면 기뻐하는지를 생각해 보면 쉽게 설득할 수 있습니다.

질문의 답을
주변 사람에게 물어보자

혼자서 생각해도 질문의 답을 알 수 없을 때는, 주변 사람들에게 물어보는 것도 좋습니다.

저도 임원급을 상대로 프레젠테이션할 때는 사전에 그분들을 잘 아는 사내 인물들과 이야기하면서 정보를 얻습니다. 프레젠테이션 내용은 회장님이나 사장님이 좋아할 만한지, 이 기획이 통과될 만한지 아닌지 등을 물어보곤 하지요. 답에 맞춰 기획을 수정하고, 전략을 검토해 보곤 합니다.

다만 이야기를 너무 많이 듣다 보면 상대방의 요구로만 기획 방향이 바뀌게 되니, 양보할 수 없는 자신만의 포인트는 확실하게 지키는 편이 좋습니다.

주의해야 할 점은 의견을 구할 사람을 엄선해야 한다는 점
입니다. 과도하게 지적하는 사람이나, 조언하는 것처럼 말하
면서 기획이나 프로젝트를 방해하려는 사람, 반대로 기획을
가로채려는 사람은 반드시 주의해야 합니다. 자신에게 용기
를 주는 사람에게 물어보도록 합시다.

설득 과정의
머리·가슴·발

아홉 가지 질문에서 베네핏을 어느 정도 확인했다면, 어떻게 설득할 것인지도 준비해 봅시다.

설득할 때는 다양한 도구가 있지만, 가장 사용하고 싶은 도구를 늘 사용할 수는 없다는 점을 염두에 두어야 합니다.

샌프란시스코 해변에 간 적이 있습니다. 그때 학생들이 손을 쓰지 않고 비치 발리볼을 하고 있었지요. 그 학생들이 사용할 수 있는 것은 머리와 가슴, 발뿐이었습니다. 누군가가 공을 던지면 머리로 받아치거나, 가슴으로 받아치거나, 발로 차서 네트를 넘긴다는 규칙을 적용하고 있었지요.

어째서 이런 이야기를 했는가 하면, 설득 자체가 이와 유사한 부분이 있기 때문입니다. 사실 발리볼을 할 때 가장 사용하고 싶은 도구가 '손'인 것처럼, 설득 과정에서 당신이 가장 사용하고 싶은 도구는 '조언'이나 '명령'일 것입니다. 그러나 이런 도구를 사용하면 설득하기가 힘들다는 점은 1파트 '설득에 관한 세 가지 착각' 이미 설명했습니다.

그렇다면 설득하기 위해 무엇을 사용해야 할까요? 손을 사용하지 않는 비치 발리볼에서 머리나 가슴, 발을 사용하는 것처럼 다른 도구를 사용해야 합니다.

설득할 때 머리나 가슴, 발은 과연 무엇일까요? 저는 바로 '질문', '스토리', '비유'라고 생각합니다.

자세한 내용은 아래에서 설명해 보겠습니다.

도구 1. 질문

상대방을 설득할 때 가장 도움이 되는 도구가 '질문'입니다. 예컨대 어떤 물건을 판매하는 경우, '그 사람이 무엇을 고민하는지?', '왜 자신의 인생을 바꾸고 싶다고 생각하지 않는지?', '무엇을 해야 하고(하지 않으면?) 그 후에는 어떻게 되는지?'를 물어봅니다.

이렇게 질문하면 할수록, 상대방의 잠재된 베네핏이나 사고방식을 알 수 있습니다. 준비하면서 생각해 보았던 아홉 가지 질문의 대답을 참고하여, 무엇을 질문할지 생각해 봅시다.

베테랑 영업 사원들의 공통점은 문제 해결 능력이 뛰어나다는 점입니다. 단지 문제 해결만 하는 것보다 중요한 점은 **문제를 발견하는 것**입니다. 상대방의 마음을 움직일 때 중요한 점은 상대방이 깨닫지 못한 과제를 발견하는 것입니다.

'설득의 달인은 질문의 달인이다'라고 해도 과언이 아닐 테지요.

도구 2. 스토리

다음으로 도움 되는 것이 '스토리'입니다.

브랜딩이나 마케팅 세계에서 스토리텔링은 브랜드의 가치를 공유하고 공감을 이끌어 내는 중요한 도구입니다.

스토리텔링의 두 가지 사례를 들어 보겠습니다.

"이 브랜드는 파리의 작은 마구 공방에서 출발했습니다. 절제되고 세련된 디자인, 그리고 어떤 상황에서도 흔들리지 않는 견고함으로 인정받아 파리 엑스포에서 수상했습니다. 그 기술과 장인 정신은 지금까지 이어져 제품 하나하나에 담겨 있습니다."

"스스로 집을 짓는 과정에서 수많은 시행착오를 겪었습니다. 그 경험을 살려 사람들에게 친근하고 새로운 방식의 주택 회사를 세우게 되었습니다."

이처럼 이야기를 담아내면 단순한 제품 설명을 넘어, 브랜드의 정체성과 철학을 더욱 설득력 있게 전달할 수 있습니다.

『설득, 마음을 움직이는 전략』, 『이기는 설득**Win Your Case**』처럼 독보적인 내용의 책을 많이 썼으며, 사상 최고의 변호사라고 평가받는 게리 스펜스**Gerry Spence**라는 유명한 변호사가 있습니다. 스펜스 역시 이기기 위해서는 논리보다 이미 자신이 알고 있는 이야기를 잘 풀어 가는 것이 중요하며, 모든 설득은 스토리로 귀결된다고 말합니다.

스토리를 활용하면 상대방의 감정을 동요시킬 수 있습니다. 데이터나 증거를 스토리의 형태로 잘 귀결시켜 전달함으로써 상대방의 공감을 얻거나 감동하게 만들 수 있고, 데이터나 이론만 전달하는 것보다 동의를 끌어내기 쉽습니다.

실제 제가 현장에서 스토리를 활용한 사례를 소개하겠습니다. 신상품을 도입할 때는 시장 분석이나 고객층, 세부 타깃, 재정 모델을 활용하여 데이터 정보를 중심으로 프레젠테이션 하는 방식이 일반적입니다. 그러나 저는 그렇게 하지 않았습니다.

현대에는 뛰어난 제품이나 서비스가 얼마든지 있으며, 과거에는 할 수 없던 일도 기술 발전을 통해 실현할 수 있게 되었습니다. 이처럼 모든 것이 가능한 세상이기 때문에 오히려 저는 이 사람과 일하고 싶고, 이 사람과 일하면 이런 일을 할 수 있다, 그래서 이 상품을 개발하고 싶다는 '비전'을 가장 먼저 발표했습니다.

그러자 많은 사람이 이 비전의 스토리에 공감하여, 새로운 상품을 도입할 수 있게 되었지요.

도구 3. 비유metaphor

설득할 때 도움이 되는 세 번째 도구는 '비유'입니다.

상대방이 쉽게 이해하도록 돕는 가장 좋은 방법은 정보를 그대로 전달하는 것이 아니라, 비유나 예시를 활용하는 것입니다.

'손을 사용하지 않고 발리볼을 한다'는 것도 일종의 예시입니다. 이를 통해 쉽게 기억하고, 심지어 이해하기도 쉬워집니다.

예컨대 어떤 소비재 제조사가 기업가를 배출하는 기업이 되고 싶다고 했을 때, "우리는 소비재 제조 업계의 리크루트가 되고 싶다."라고 표현하면 어떨까요?

리크루트Recruit(일본에 본사를 둔 글로벌 인사 및 채용 서비스 기업_역주)는 기업가를 배출하는 기업으로 유명하지만, 사내에서도 다양한 신규 사업에 지속적으로 도전하여 20대의 젊은 사원이라도 기업의 책임자가 되어 성장할 수 있습니다.

리크루트처럼 세포 분열하는, 즉 신규 사업이나 자회사를 만들어 내는 기업으로 성장하고 싶다는 말이지요.

이처럼 비유를 활용하여 설명하면 그저 '기업가를 배출하는 기업이 되고 싶다'라고 하기보다 깊은 인상을 줄 수 있지 않을까요?

지금까지 설명한 세 가지 도구를 잘 사용한다면 상대방을 설득하기 쉬워집니다. 베네핏을 파악하는 질문에 대한 대답을 정리했다면, **세 가지 도구를 어떻게 활용하면 더 효율적으로 설득할 수 있을지 고민해 봅시다.**

예컨대 '상대방의 감정적인 욕구나 상대방이 피하고 싶은 일을 특정하기 위해 어떤 질문을 던져야 할까?', '어떤 스토리를 활용하면 자신이 믿는 것을 상대방도 믿게 만들 수 있고, 내가 상대방에게 하기 바라는 행동을 하게 할까?', '어떤 메타포나 비유를 사용하는 편이 좋을까?' 이런 식입니다. 상황에 따라 세 가지 도구 중 '한 가지는 사용할 수 없는', '세 가지 모두를 사용할 수 있는' 다양한 상황이 존재하니 사용할 도구를 잘 조합하여 사용해 보시기 바랍니다.

프레젠테이션 성공 여부는
도입부에서 결정된다

　상대방을 설득하는 데 성패를 크게 가르는 요소가 바로 프레젠테이션입니다. 내용도 중요하지만, 자료가 허술하거나 말투나 발표 자세가 서툴다면 기껏 잘 만든 내용도 아무 소용이 없습니다.

　반복하여 말씀드리지만, 프레젠테이션 자료를 작성할 때는 반드시 '상대방의 베네핏을 파악하여, 이를 자극하는 제안을 해야 한다'라는 점을 주의해야 합니다.

　이 장의 서두에서 '자신들이 할 수 있는 일을 발표하는 자리가 아니다'라고 이야기했던 것처럼, 프레젠테이션할 때 '우리 회사가 할 수 있는 일'에 대한 내용은 전체 발표 시간의 20%

정도로만 하고, **70%는 '상대방을 위해 무슨 일을 할 수 있는지'를 전달해야 합니다.** 마지막 10%는 질의응답을 위해 남겨야 하지요. 이러한 시간 배분을 고려하여 자료를 작성해야 합니다.

저는 프레젠테이션 자료를 만들 때 **'도입부에서 상대방의 흥미를 끌 만한 자극적인 키워드를 넣으려고'** 합니다.

예를 들어 유명한 회사나 전문성이 높은 인재와 협력한다면 그 이름을 먼저 밝힙니다. 그러면 상대방이 긍정적으로 반응하며 그다음에 이어지는 내용에도 주목할 가능성이 높아집니다.

또 한 가지, 자료를 만들 때 **시각적으로 깊은 인상을 남기려고 온 신경을 쏟습니다.**

자료의 스타일이나 분위기에는 취향도 있습니다. 미국에서는 사진 한 장만 들어가는 심플한 비주얼을 선호하지만, 일본에서는 프레젠테이션 자료에 이야기할 내용을 요약하여 분명하게 넣어 두는 편을 선호합니다. 그러나 아무리 요약을 넣어도 글자가 너무 많으면 읽고 싶은 기분이 사라지고, 메시지를 전달하기도 어렵습니다. 그러니 가능하면 글자 수는 줄이기를 추천합니다.

디자인은 인터넷에서 템플릿을 찾을 수 있으니, 너무 많은 시간을 할애하지 않아도 됩니다. 오픈되어 있는 템플릿을 활용하면 완성도도 높일 수 있고, 시간도 절약할 수 있습니다.

저는 유료 템플릿을 미리 구매해 두고, 각 주제에 어울리는 템플릿을 활용합니다. 이를 통해 상대방에게 좋은 인상을 줄 수만 있다면, 고민할 필요가 없습니다. 구독료를 내면 디자인 템플릿을 무제한으로 제공받을 수 있는 서비스도 있으니 검색해 보시기를 추천합니다.

강아지 산책시키며
프레젠테이션 연습하기

프레젠테이션할 때 말하기가 능숙하지 못해서 고민하는 사람이 많을 것입니다. 그런 분들이 저에게 비결을 물어보곤 하는데, 솔직히 말하자면 특별한 비결은 없습니다.

딱 하나 말할 수 있는 부분은 프레젠테이션에서 능숙하게 말하지 못하는 사람은 '연습이 부족'하다는 점입니다.

손에 든 자료를 보고 그저 읽기만 하는 식으로 프레젠테이션하는 사람이 있습니다. 그러면 자료를 그대로 읽고 있다는 사실을 다른 사람들이 금방 알아채는 것은 물론이고, 내용도 잘 전달되지 않습니다.

너무 바빠서 연습할 시간이 없다는 말은 변명에 불과합니다. 이동 시간이나 틈새 시간을 잘 활용하면 얼마든지 연습할 수 있습니다.

예컨대 저는 아침과 저녁 총 두 시간 반 정도를 강아지와 함께 산책하는데, 그 시간을 활용하여 프레젠테이션을 연습합니다. 스마트폰 녹음 기능을 사용하여 프레젠테이션 내용을 녹음하는 것이지요. 발표 시간이 회당 5분이라고 하면, 한 시간이면 열 번 정도 예행연습을 할 수 있습니다. 이전에는 식사 준비를 하면서 프레젠테이션 연습을 한 적이 있는데, 초등학생 딸이 "엄마가 계속 우주인이랑 이야기하는 줄 알았어."라고 이야기할 정도였지요….

심지어 녹음한 음성을 나중에 들어 보고 가장 잘했다고 생각되는 파일은 실제 프레젠테이션 전에 들어 봅니다. 그리고 프레젠테이션 직전에 시간이 허락하는 만큼 아무것도 보지 않고 이야기를 반복합니다.

그러면 어느 부분이 미흡한지 파악하여 속으로 시뮬레이션해 볼 수 있습니다. 그래서 실제 프레젠테이션에는 미흡한 점에 주의하면서 임할 수 있습니다.

이 정도만 연습하면 실제 발표할 때도 자신감 있게 이야기할 수 있습니다. 정말 이상하게도 같은 내용의 이야기도 자신감을 가지고 이야기하는 사람과 그렇지 않은 사람이 하는 이야기는 전혀 다르게 들립니다. 당연하게도 프레젠테이션에서 상대방을 설득할 수 있을지 없을지 그 결과도 달라지지요.

　말투에 자신감이 없는 사람은 조금이라도 더 연습합시다.

연습한 성과는 아마 예상보다 훨씬 더 클 테니까요.

'6C'로
YES 신뢰를
얼어라
CODE

신뢰할 수 없는 사람의 말을 누가 들을까?

2파트에서 '무엇을 말할지보다, 누가 말하는지'가 중요하다고 이야기했습니다.

그러한 측면에서 말하면 '상대방으로부터 신뢰를 얻는 것'도 설득에 중요한 요인이라고 할 수 있습니다.

많은 사람이 '어떤 식으로 설득해야 할지', '어떤 말을 해야 설득할 수 있을지', '수치를 제시하면 설득하는데 도움이 될까?'라는 등의 고민을 하며 처음부터 설득 전술에 집중하기 쉽지만, '신뢰'가 없다면 모든 전술이 무의미합니다. 그러한 전술은 신뢰 관계를 구축한 후에야 비로소 의미가 있습니다.

특히 상대방을 처음 만났을 때나 아직 관계를 형성하지 못했을 때는 설득 자리에서 어떤 행동을 하느냐에 따라 신뢰를 얻을 수 있을지 없을지가 한순간에 정해지곤 합니다.

상대방의 신뢰를 얻기 위해서는 설득 과정 중에서 '6C'를 항상 의식해야 합니다. 모두 머리글자가 C로 시작합니다. 하나씩 소개해 보겠습니다.

여기서 이야기하는 여섯 가지 C는 프레젠테이션이나 영업 직전은 물론, 평소에 습관을 들여 자연스럽게 몸에 배도록 해야 합니다.

신뢰 관계를 결정하는 6C

1. Care 배려
2. Condition 컨디션
3. Calm 침착함
4. Consistency 일관성
5. Clarity 명확성
6. Certainty 확신, 확실

Care
배려

첫 번째 Care는 상대방을 '배려'하는 마음을 가리킵니다.

당신이 상대방에게 이득이 되는 설득이나 제안을 하더라도 '당신을 생각하고 있다'라는 배려가 느껴지지 않으면, 상대방은 당신의 이야기를 들어 주지 않을 것입니다.

상대방이 혼자이건, 몇천 명이건, 설득하려는 상대방을 소중하게 여기고 있는지, 방해꾼 취급하고 있는지는 상대방도 확실하게 느낄 수 있습니다.

얼마 전 차를 샀는데, 몇 개월 뒤 천장에 작은 금이 간 사실을 발견했습니다. 유리가 여러 겹으로 되어 있어 금이 어디까지 갔는지에 따라 기존 보험으로 처리할 수 있을지, 아니면 보험 회사의 별도 보장을 받아야 할지 판단하기 어려웠습니다. 그래서 금이 간 모습을 사진으로 찍어 보험 회사에 메일을 보냈습니다.

하지만 그로부터 3주가 지나도록 답장이 없었습니다. 전화를 걸어도 "#1을 눌러 주세요.", "다음은 #5를 눌러 주세요."라고 다른 쪽으로 넘기기만 할 뿐이었습니다. 결국 10분도 넘게 기다려야 했습니다.

이 사건을 통해 저는 보험을 갈아타는 편을 고려하게 되었습니다. '이 회사는 고객을 소중하게 여기지 않는구나'라고 느꼈기 때문이지요. 혹시 뭐라고 설득하건, 더 이상 아무 말도 듣고 싶지 않았습니다.

10분을 기다려야 했다는 점 때문에 마음이 상한 것은 아닙니다. 그전에도 단골 레스토랑에 갔더니 예약이 되어 있지 않아서 30분 정도 기다려야 했지만, 그때는 아무렇지도 않았습니다. 점주가 사과와 감사를 표하며 가게에 입장할 때까지 마실 것을 주는 등 여러모로 배려해 주고 있음을 느낄 수 있었기 때문입니다.

그러한 자그마한 배려가 있는가 없는가로 상대방의 마음이 어느 쪽으로 향할지가 정해지는 것입니다.

그렇다면 상대방을 어떤 식으로 배려해야 할까요?

간단하게 말하자면 봉사의 마음을 갖고 행동해야 합니다. '도와달라'고 하면 이해관계와 상관없이 조언을 건네거나, 긍정적인 파장을 전하는 것처럼 말입니다.

월트 디즈니**Walt Disney**의 일화 중에는 "세상에는 세 가지 유형의 사람이 있다."라는 말이 있습니다.

첫 번째는 '우물에 독을 치는 사람들**Well-poisoners**'입니다. 누군가가 꿈이나 비전을 말할 때 "그런 건 무리야!", "할 수 있을 리가 없어!"라며 다른 사람을 짓밟는 '독' 같은 존재입니다.

두 번째는 '다수파'입니다. 영어로는 '잔디 깎는 사람들 **Lawn-mowers**'이라고도 하지요. 이 유형의 사람은 선의를 가지고는 있지만, 아주 자기중심적인 사고를 가진 사람들로 자기 집의 잔디는 예쁘게 가꾸지만, 다른 사람을 위해서는 나서려고 하지 않습니다.

그리고 세 번째 유형이 '라이프 인핸서**Life Enhancer**'입니다. 주변 사람들이 자신의 인생을 확장할 수 있도록 돕는 사람이지요. 가장 좋은 멘토가 될 수 있는 사람으로, 어떻게 하면 상대방의 인생이 풍요로워질 수 있는지를 생각하고 격려하여 자연스럽게 손을 내밀어 줍니다.

어떤 사람이 되고 싶은가 하면 단연코 세 번째 사람입니다.

지인 중에 우수한 영업 사원이 있는데, 설득이 가장 잘 먹힐 때는 바로 **어떻게 하면 상대방의 인생이 더 좋아질까에 관심을 가졌을**

때라고 합니다. 즉, 설득하는 사람이 설득받는 대상을 얼마나 배려하는지가 중요하다는 말입니다.

Care에서 또 하나 중요한 점은 '상대방을 좋아할 만한 포인트를 발견'하는 것입니다.

상대방에게 호감을 느끼면 그 사람에게도 그 마음이 전해집니다. 자신을 좋아하는 사람이 하는 말은 조금 잔소리 같아도 들으려고 노력하게 됩니다.

상대방을 좋아하기 위해서는 그 사람의 좋은 점을 세 가지 찾아보시기를 추천합니다. '시간을 잘 지킨다', '정장을 잘 차려입고, 항상 구두가 깨끗하게 닦여져 있다' 등 상대방에게 호감을 느낄 만한 포인트를 발견하는 것이지요. 하나라도 좋으니 만나는 모든 사람의 좋은 점을 발견해 보고, 그 사람을 좋아하게끔 습관을 들이면, 언제나 상대방을 배려하는 사람이 될 수 있을 것입니다.

Condition
컨디션

두 번째 C는 Condition입니다. 이 컨디션에는 자신과 상대방이라는 두 가지의 의미가 포함됩니다.

우선 자신의 컨디션부터 알아봅시다. 발열이나 복통, 수면 부족, 불편한 마음 등으로 인해 컨디션이 나쁠 때는 어떤 일도 잘 풀리지 않습니다. 상대방을 설득하는 일은 몸과 마음에 모두 큰 영향을 미치므로 만반의 준비를 갖춰야만 잘 풀립니다.

저도 경영자분들을 설득할 때는 최상의 컨디션이어야 제 역량을 충분히 발휘할 수 있습니다. 같은 이야기를 하더라도 가장 좋은 컨디션일 때와 그렇지 않을 때는 이야기하는 방법이 달라지고, 상대방에게도 이러한 부분이 전달됩니다.

좋은 컨디션을 유지하기 위해서는 건강 관리가 우선인데, 건강하더라도 왠지 모르게 상태가 좋지 않을 때도 있습니다. 컨디션을 잘 관리하기 위해서는 자신만의 루틴을 만들어 보기를 추천합니다.

루틴이라고 하면 전 프로 야구 선수인 스즈키 이치로鈴木一朗가 타석에 설 때나 시합에 임하기 전에 언제나 같은 행동을 하는 것으로 유명하지요.

이치로뿐만 아니라 올림픽에 나갈 정도로 세계적인 운동선수라면 루틴을 정해 두는 사람이 많습니다.

예를 들어 미국 수영 선수이자, 가장 많은 금메달을 딴 마이클 펠프스Michael Phelps는 시합 두 시간 전에 수영장에 도착하여 30분간 스트레칭을 합니다. 수영장에 들어가서 약 45분간, 100m, 200m, 400m, 600m 순으로 정해진 종목을 차례대로 수영하며 준비합니다. 그 후 경기 직전의 선수들이 모이는 대기실로 들어가, 명상하며 마음을 편히 가지기 위해 노력한다고 합니다. 구체적으로는 수영하는 자신의 모습과 발생할 수 있는 다양한 곤란한 상황을 구체적으로 이미지화해 봅니다. 그리고 경기 시작 약 20분 전이 되면 헤드폰으로 음악을 듣기 시작하고, 시작 4~5분 전이 되면 스타팅 블록의 뒤에 서서 다시 준비합니다. 이름이 불리면 다리를 털면서 출발선에 섭니다.

이 모든 것은 가장 좋은 결과를 도출하기 위해 실천하는 루틴입니다. 인간의 뇌는 상상 이상으로 단순하므로 **일정한 루틴을 지킴으로써 그 장소에 서면 최대한 능력을 발휘할 수 있도록** 습관을 들일 수 있습니다.

이처럼 일에서도 무언가를 설득해야 할 때는 설득의 결과를 우연에만 맡기기란 너무 위험합니다. 그러니 세계적인 운동선수가 하듯이 항상 좋은 상태로 컨디션을 유지할 수 있도록 만들어 주는 루틴을 발견해야 합니다.

예컨대 프레젠테이션 30분 전에 리허설을 한다거나, 사전에 차를 마신다거나, 발성 연습을 하는 것처럼 말이지요. 또한, 새벽 다섯 시에 일어난다거나 저녁 식사는 가벼운 식단으로 챙기는 습관도 생각해 볼 수 있습니다. 사람에 따라서는 춤이나 명상, 요가 등이 더 잘 맞을 수도 있겠지요. 그렇게 자신의 마음을 제어함으로써 자신의 컨디션을 가장 좋은 상태로 만드는 것입니다.

저 같은 경우에는 프레젠테이션 전날까지 **50번 가까이 프레젠테이션을 연습합니다. 이를 전부 영상으로 찍어 두고, 더 갈고 닦습니다.** 그렇게 해서 가장 잘 된 것을 휴대폰에 남겨 두고, 실제 프레젠테이션하기 전에 2, 3회 정도 듣습니다. 그렇게 하면 최고의 성과를 낼 수 있습니다.

여러분도 최고의 퍼포먼스를 낼 수 있는 루틴을 발견할 때까지 여러 가지 방법을 시험해 보세요.

어쩌면 루틴은 중요한 설득이나 프레젠테이션 직전뿐만 아니라, 하루를 시작할 때 습관을 들이는 방법도 좋을 것입니다. 그러면 언제든 일정 수준 이상의 힘을 낼 수 있고, 인생이 바뀌게 될 수도 있습니다.

또 한 가지, 자기 컨디션만 아니라 설득하는 상대방의 컨디션도 배려해야 합니다.

상대방도 컨디션이 나쁘면 정상적인 판단을 내리기 어렵고, 이야기를 제대로 듣지 못한 채 각하시키기도 합니다.

저는 경영자를 설득할 때는 그 사람의 비서와 사전에 연락하여 "이런 안건을 사장님께 프레젠테이션하려고 하는데, 사장님의 컨디션이 가장 좋을 때는 언제인가요?"라고 질문합니다.

어떤 미팅에서는 원래 2월 말 정도에 프레젠테이션하기로 했었지만, 비서가 "이날은 사장님이 해외 출장에서 돌아오시는 다음 날이라 피곤할 것 같으니, 그만두는 편이 낫습니다. 같은 시간대 이 날짜라면 일정도 여유가 있고, 전날 밤에 회식이 있는 것도 아니라 좋을 것 같습니다."라는 이야기를 듣고 일정을 변경했습니다. 시간이 조금 뒤로 밀리더라도 점심 식사 시간과 겹치지 않도록 오전 10시에서 11시로 정했지요.

상대방의 컨디션을 확인하기란 쉽지 않지만, 가능하면 알아보려고 노력해야 합니다.

또 상대방의 컨디션을 고려하게 되면, 상대방으로부터 거절당했을 때도 '내 컨디션은 완벽했지만, 상대방의 컨디션이 나빴구나'라며 다음 안건으로 기분 전환할 수 있게 됩니다. 자신의 마음가짐을 단단하게 만드는 요인이 되지요. 설득하는 과정에서 컨디션은 생각보다 중요하다고 할 수 있습니다.

Calm
침착함

세 번째 C는 Calm, '침착함' 입니다.

설득할 때는 모든 것이 사전에 시뮬레이션했던 시나리오대로 진행된다고 보기 어렵습니다. 예상하지 못했던 일이 생기거나, 미진한 준비로 인해 질책받거나, 싫은 소리를 듣는 등 예측할 수 없는 사태가 일어나는 것이 당연합니다.

그럴 때 허둥대거나 당황하면 설득하기가 어렵습니다.

어떤 상황이든 자신의 내면을 침착하게 유지할 수 있어야 합니다.

침착함을 유지하기 위해서는 '자, 침착하게 굴자'라고 자기 자신에게 주문을 걸기보다, 스스로 침착함을 잊고 있다는 점을 깨닫는 것이 중요합니다. 그렇게 자신을 객관화함으로써 평정심을 유지할 수 있게 됩니다.

또한, 부정적인 의견도 조용히 경청할 수 있어야 합니다. 저는 지금까지 회사에 새로운 시스템을 제안하면, '반드시' 부정당했습니다. 일방적으로 부정당하게 되면 이전에는 너무 흥분해서 즉시 반론을 펼쳤지만, 이제는 즉각적으로 반응하지 않고 부정적인 의견을 일단 가만히 경청합니다. 그렇게 차분하게 기다리다 보면, 자연스럽게 누군가가 도움을 주거나 찬성 의견을 내는 사람이 나오기도 합니다.

말하는 속도를 조금 늦춰서 천천히 말하는 것도 좋습니다. 이는 상대방을 설득하기 쉽게 하려는 이유 때문만이 아니라, 천천히 말하게 되면 자신의 마음도 차분해지기 때문입니다.

이와 같은 맥락으로 평정심을 유지하는 루틴으로 호흡법과 명상하는 시간을 가져가 보는 것도 좋겠지요.

Consistency
일관성

네 번째 C는 Consistency, '일관성'을 유지하라 입니다.

처음 만난 사람을 설득할 때는 그렇게까지 중요한 요소가 아닐 수도 있지만, 회사 내에서나 오랫동안 알아 온 거래처를 상대로 설득할 때는 자기 말과 행동에 일관성을 띠는 것이 상당히 중요합니다. 일관성 없이 상황에 따라 발언을 번복하면 신뢰를 쌓을 수 없고, 설득력을 잃게 됩니다.

예컨대 일할 때는 "해 보겠습니다!"라고 해 놓고는 실제로는 아무것도 하지 않는 사람은 절대로 신뢰할 수 없겠지요.

이는 작은 일에서도 마찬가지입니다. 예를 들어 여러분 주변에도 "자료는 잠시 후에 보내드리겠습니다."라고 해 놓고는 보내지 않는 동료가 있지 않나요? 본인은 작은 일이라고 치부

할지도 모르겠지만, 이런 행동이 쌓이다 보면 자신이 모르는 사이에 신뢰를 잃고 맙니다. 거래처에서도 그렇게 행동하면 '저 영업 사원은 보낸다고 해 놓고 보내지 않았어', '신뢰할 수 없으니 이 업체와는 더 이상 거래하지 않는 게 좋겠어'라고 여겨도 이상하지 않습니다.

솔직히 저도 매번 말과 행동이 일치하는 것은 아닙니다. 다음 주 미팅을 준비하겠다고 말해 놓고는 완전히 잊어버렸던 적도 있고, 스스로 하겠다고 말하며 노력했지만, 실행으로 옮기지 못했던 적도 있습니다. 그런 일이 생기면 상대방은 실망하게 되고, 자신도 실망하게 됩니다.

반대로 작은 일이라도 괜찮으니 말한 일을 실행하는 경험을 쌓아 가면 신뢰를 얻게 되고, 설득력도 생겨날 것입니다.

Clarity
명확성

다섯 번째 자질은 Clarity, '명확성'입니다.

이와 관련된 유명한 이야기가 있습니다. 미국 대통령 선거에서 대통령 후보에게는 반드시 정치 컨설턴트가 따라붙습니다. 예를 들어 빌 클린턴**Bill Clinton**은 제임스 카빌**James Carville**이라는 정치 컨설턴트가 함께하며 선거 전략을 세웠지요.

제임스 카빌은 빌 클리턴에게 "연설 처음에는 거시 경제 이야기부터 시작합시다."라는 조언을 했다고 합니다. 클린턴은 "2년 동안 계속 이 부분만 이야기해 왔으니 다른 이야기를 하고 싶다."라고 했지만, 카빌은 "서너 가지 이야기를 해 봤자 이해할 수도 없고, 내용이 잘 전달되지도 않는다. 세 가지를 이야기하고 아무것도 남지 않는 것보다 한 가지만 이야기하고 깊은 인상을 남기는 편이 훨씬 낫다."라고 조언한 것이지요.

　이처럼 설득할 때 불필요한 이야기를 하면 이해하기가 어렵습니다. 아무리 전하고 싶은 내용이 많아도, **사족은 빼고 핵심부터 이야기해야** 합니다. 무엇인 핵심인지를 선별하기는 어렵겠지만, 핵심을 선별하는 데 시간을 들여야 합니다.

　요점을 정리하지 않고 이야기하는 습관이 있다면, 평소에 핵심을 간결하게 전달하는 연습을 해 보세요. 그러다 보면 전달할 내용을 명확하고 확실하게 전할 수 있고, 설득하기도 쉬워집니다.

　말하기를 좋아하는 사람은 회의가 시작되기 전에 아이스브레이킹을 하느라 시간을 지연시키기 쉬운데, 이런 사람은 이야기를 질질 끄는 습관이 있으므로, 요점을 짚기 어려워합니다. 짚이는 곳이 있는 사람은 주의하도록 합시다.

Certainty
확신, 확실

마지막 여섯 번째 C는 'Certainty'입니다. 확신, 확실을 의미하지요.

자신이 말하는 내용이 확실하다고 여긴다면 그만큼 상대방에게도 그 확신이 그대로 전달됩니다.

예컨대 영업 사원이 어떤 물건을 판매하려고 할 때도 자신이 파는 상품이 상대방에게 꼭 필요하고 도움을 줄 수 있는 좋은 제품이라고 마음속 깊이 확신하고 있다면, 이 마음이 상대방에게도 전해질 것입니다. 반대로 자신이 파는 상품에 대해 확신하지 못하면 이 역시 상대방에게 전해지겠지요.

저도 프레젠테이션 자료를 만들 때 내용을 고민하며 개선하다 보면, 감각적으로 '이 내용은 확실히 먹힐 것 같아. 설득할 수 있겠어'라는 생각이 들 정도로 프레젠테이션 자료가 빛을 발하는 듯이 느껴지기도 합니다. 심지어 프레젠테이션 연습을 하면서 몇 번이고 말하다 보면 제 속에서부터 더더욱 확신이 싹틉니다. 그런 제안은 실제로 통과되기 쉽습니다.

종교를 전도하는 사람이 바로 이러한 패턴을 이용하지 않을까 생각합니다. 자신의 신앙이 확실히 상대방의 생활이나 사상, 인생에 도움이 될 것이라고 진심으로 믿기 때문에 강하게 권유할 수 있는 것입니다.

정말로 이를 믿지 않는다면 상대방에게는 전해지지 않습니다. 그렇기에 그렇게 믿게 만드는 과정이 중요한 것이지요.

일상적으로
'6C'를 실천하자

설득을 잘하는 사람이 가진 이 여섯 가지 C. 사기꾼은 이를 잘 알고 있으며, 능숙하게 활용하기까지 합니다. 어르신들뿐만 아니라 젊은 사람들까지도 속여 거액을 갈취해 냈다는 뉴스를 접하면 '대체 왜 속는 거지?'라고 생각할 수도 있겠지만, 그들은 상대방을 배려하고, 일관성을 가지고 있으며, 명확하게 알기 쉬운 이야기를 하여 상대방을 믿게 만듭니다. 악용하면 안 되지만, 선한 의도로 설득하는 사람도 의식할 만한 가치가 분명히 있습니다.

여섯 가지 C를 설득할 때만 쓰려고 하면 상대방에게 간파당하고 맙니다. 앞서 말씀드렸지만, 이는 평소에 습관을 들여 자연스럽게 활용할 수 있도록 해야 합니다.

여섯 가지 C 중에서 자신에게 가장 부족한 영역이 무엇인지 생각해 보고, 그것을 발전시키기 위해서는 매일 어떻게 노력할지 고민하여 실천해 봅시다.

예를 들어 첫 번째의 Care는 "이런 일로 곤란한데 좀 도와줘.", "꼭 조언해 줬으면 좋겠어."라고 누군가 상담해 올 때, 자신에게 이득이 있는지에 관계없이 노력하거나, 조언합니다. ZOOM 설정이나 회의실 예약, 회의록 작성처럼 작은 일이라도 좋습니다.

평소 이런 일을 쌓아 가다 보면 자연스럽게 배려할 수 있게 됩니다. 그러면 주변에서도 이를 깨닫고 '저 사람이 부탁하는 거면 어쩔 수 없지'라며 무리한 부탁도 들어 주게 됩니다. 예컨대 갑작스럽게 긴급한 일이 생겨 부탁하더라도, 기꺼이 도와주게 되는 것이지요. 반대로 평소 협력하지 않는 사람이 부탁한다면 누구도 들어 주지 않을 것입니다.

저는 회사에서 부문장이라는 직위를 맡고 있지만, 평소 부문장이 하지 않아도 된다고 여기는 작은 일도 스스로 합니다. 회의실을 예약하거나, 회의용 음료를 준비하는 것 같은 일들이지요. 단순하게 손이 비어 있는 사람이 하면 된다고 생각해서 하는 것이지만, 이런 일을 하게 된 다음부터 곤란할 때 주변 사람들이 도움을 준다고 느끼게 되었습니다.

평범한 이야기라고 생각하실지도 모르겠습니다만, 이러한 행동도 설득력을 높이는 데 필요합니다.

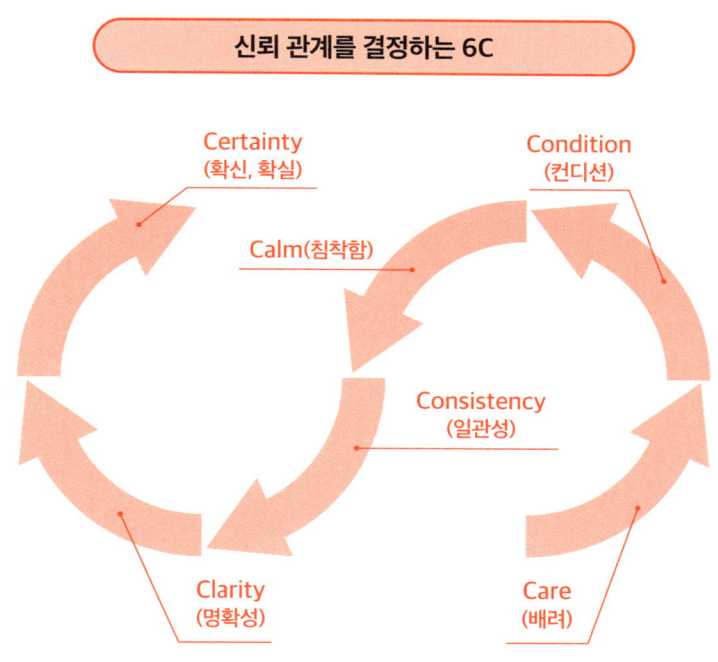

신뢰 관계를 결정하는 6C

Certainty
(확신, 확실)

Condition
(컨디션)

Calm(침착함)

Consistency
(일관성)

Clarity
(명확성)

Care
(배려)

PART 5

설득의
YES 5단계
CODE

불필요한 논쟁은
피하라

'영향력을 높이는 방법', '준비를 하는 것', '신뢰를 얻는 것'.

'예스 코드'에는 여러 준비 작업이 필요하다고 이야기해 왔습니다.

이 과정을 거쳐 드디어 어떤 과정으로 설득해야 하는지 이야기해 보려 합니다.

설득할 때 중요한 점은 '상대방의 베네핏을 파악하고, 이를 자극하는 이야기를 할 것'이라고 계속해서 언급해 왔습니다.

'감정에 와닿는 설득'이라는 관점에서 말씀드리면, 또 하나 중요한 점이 바로 '상대방과 논쟁을 피하는 것'입니다.

1파트 '설득에 관한 세 가지 착각'에서도 이야기했듯이 '맞는 말을 해서, 상대방의 오류를 고치는' 설득 방법은 잘못된 상식에 지나지 않습니다. 상대방을 부정하고 물리치려 하면, 상대방은 불쾌함을 느끼게 되어 이야기를 듣지 않으려고 할 것입니다.

중요한 점은 '지는 것이 곧 이기는 것'이라는 점입니다. 예컨대 상대방과 생각이 다르더라도, 항상 상대방에게 동의를 표해야 합니다. 상대방이 흑이고, 자신이 백이라고 생각하더라도 "역시 백이지요."라며 이론적으로 다그칠 것이 아니라, 상대방이 흑이라고 말하는 현실에 일단은 동의하는 것입니다.

그러면 상대방은 당신의 이야기를 들어 주게 될 것입니다. 언쟁하지 않고, 설득할 수 있는 기본 토대가 만들어지는 것입니다.

우선은 그것부터 머릿속에 넣어 두시기를 바랍니다.

예스 코드를
활용하라

이러한 원칙을 밟아 작성한 것이 다음 페이지의 설득 과정에 대한 예스 코드입니다.

설득 과정을 세분화해 보면 5단계, 13가지 요소로 나눌 수 있습니다.

이 과정을 밟아 가면 상대방의 오류를 수정하지 않고, 상대방이 반드시 이득을 보았다고 여길 수 있도록 제안하거나 프레젠테이션을 진행할 수 있습니다. 이는 상대방을 기분 좋게 만들기 위한 것이 아니라, 결과적으로는 자신을 위한 일이라고 할 수 있습니다.

설득 과정

1단계 **상황 설정**

관찰이나 허가 등을 통해 설득할 상황을 정리합니다.

2단계 **라포르 형성**

설득할 상대방과 가까운 거리를 유지하며 신뢰 관계를 구축합니다.

3단계 **페인 포인트 찾기**

3단계와 4단계에서는 경청하는 과정이 이루어집니다. 우선 상대방의 페인 포인트를 파악하고, 페인을 증폭시킵니다.

4단계 **욕망 확인**

상대방의 긍정적 욕망과 그 욕망의 원인을 파악합니다. 또한 그것이 본심에서 나온 것인지를 상대방에게 확인합니다.

5단계 **제안·조율·실행**

경청한 내용을 바탕으로 제안하고, 제안 내용에 대해 상대방이 의사 결정하여 행동하도록 촉구합니다.

사내에서 기획을 통과시키고 싶다, 대기업 법인 영업 계약을 따내고 싶다, 고객에게 상품이나 서비스를 팔고 싶다 등 어떤 설득에도 '예스 코드'를 활용해 볼 수 있습니다.

매번 모든 요소를 활용해야 하는 것은 아닙니다. 여러분이 상대방에게 바라는 행동의 강약이나 크기에 따라, 또는 관련 상황에서 무엇이 득이 되는지에 따라, 필요한 요소를 활용하면 됩니다. 상대방의 이야기를 듣거나 관찰하면서 방법을 바꿔봅시다.

상황 설정

상황 설정은 <u>설득의 장 만들기</u>라는 의미입니다.

설득하는 안건에 따라 달라지기도 하지만, 설득의 장을 정리하는 것은 설득이 어려울수록 매우 중요합니다. 예컨대 바쁜 경영자를 설득할 때, 상황 설정에서 실수하여 상대방 기분이 상하거나, 컨디션이 나쁠 때 프레젠테이션하게 되면 완벽하게 준비했다고 하더라도 예스라는 대답을 얻을 수 있는 확률이 낮아집니다.

상황을 설정하는 단계는 '관찰', '허가', '이해', '공감' 순으로 진행됩니다. 각각 설명해 보겠습니다.

1. 관찰

우선 설득할 상대가 어떤 상태인지 관찰합니다.

상대방의 기분을 파악하지 못하면 적합한 설득 방법을 찾을 수 없고, 애당초 대화에 끼어들기조차 어렵습니다. 예를 들어 상사를 설득하려고 할 때는 상사가 바쁜지, 짜증이 나지는 않았는지를 확인할 필요가 있습니다.

앞서 언급한 '6C' 중 Condition(컨디션)에서 프레젠테이션할 때 상대의 컨디션이 완벽한 시간대를 고르라는 이야기를 했는데, 그런 배려가 필요합니다.

심지어 설득에 관한 책을 보면 종종 '미러링'이라는 기술에 대해 쓰여있습니다. 상대방이 팔짱을 끼면 자신도 팔짱을 끼고, 상대방이 이쪽을 보면 자신도 같은 쪽을 볼 수 있도록 상대방을 관찰하여 같은 행동을 하면 상대방도 호감을 느끼게 된다는 기술인데, 제가 말하는 '관찰'은 그런 것이 아닙니다. 상대방이 느끼는 것에 진심으로 공감하는 것이 중요합니다.

2. 허락·행동의 의도

기획 회의처럼 처음부터 설득하는 자리라고 알고 있는 경우에는 상관없지만, 상사나 고객에게 어떤 이야기를 하기 전에는 "이곳에서 이 이야기를 하려고 하는데, 괜찮을까요?"라며 허락을 받아야 합니다.

예컨대 영업 사원이 무언가 상품이나 서비스를 팔 때, 갑자기 판매에 관한 이야기를 시작하면 고객이 거부 반응을 보이기도 합니다. 그러지 말고 "이 상품이 필요한지 잠시 질문드려도 될까요?"라고 허락을 받으면, 이야기하기가 한결 수월해집니다.

예를 들어 화장품 판매원이라면 "고객의 얼굴에 눈에 띄는 기미는 없지만, 지금부터 여름철까지는 이 화장품이 필요할 수도 있어요. 가지고 있는 스킨케어 제품이 피부에 잘 맞는지 고객님께 질문하면서 알아보고 싶은데, 잠깐 이야기해도 괜찮을까요?"라고 허락을 받는 것이지요.

팀 구성원에게 무언가를 설득하려 할 때도, 허락을 받아야 합니다. 예컨대 마음을 닫은 채 동료와 그다지 소통하지 않는 구성원이 있다면 "요즘 팀 내 커뮤니케이션이 줄어든 것 같은데, 혹시 무슨 문제라도 있어?"라며 앞으로 소통에 관해 이야기하고 싶은데 괜찮은지 대화 진행에 대한 허락을 받습니다. 이쪽이 일방적으로 이야기하는 것이 아니라, 처음부터 쌍방향으로 이야기를 나누겠다는 자세를 보여 봅시다.

3. 이해(상황 파악)

세 번째는 상대방이 처한 상황을 파악합니다.

예컨대 앞으로 실시할 예정인 미팅 시간을 어느 정도 확보할 수 있는지 확인하는 것도 좋습니다. 그 외에도 상대방의 전후 일정이나,

회사나 조직 내 위치, 주변과의 관계성 등에 대해서도 확인해 둡니다.

미팅 상대방이 경영자라면 본인을 직접 '관찰'하기란 어려울 수도 있겠지만, 그런 경우에는 비서 등 측근의 이야기를 들어 두어야 합니다.

4. 공감

상황을 파악할 때는 상대방의 이야기에 공감합시다. 예를 들어 상대방이 "요즘 바빠서요."라며 이야기를 시작한다면 자신도 공감하는 것입니다.

무엇인가를 이야기하려 할 때 상대방이 그 감정을 공감해 주기를 바라지 않나요? 이처럼 상대방도 당신에게 이야기할 때는 당신이 공감해 줬으면 하고 바라고 있을 것입니다.

이처럼 스스로도 상대방 입장에서 생각해 보고, 상대방과 같은 감정을 느끼게 되면서 신뢰도 싹트게 됩니다.

라포르 형성

앞서 이야기했지만, 신뢰 관계 구축을 빼놓고는 설득을 말할 수 없습니다.

특히 처음 만났거나 만난 지 얼마 되지 않은 관계라면 상대방은 아직 자신을 완전하게 신용하지 않고 있을 테지요. 의심을 가득 품고 있는 상태라면 얼마나 좋은 상품을 갖고 있건, 조언을 건네건 아무 소용이 없을 것입니다.

설득하기 전에 '라포르rapport'를 형성해야 합니다.

이미 알고 계신 분도 많으시겠지만, 라포르란 심리학 용어로 '조화로운 관계', '마음이 통하는 관계'라는 의미입니다.

예컨대 상담에서 대화하는 동안 내담자와 상담자 사이에 생겨난 편안한 관계, 신뢰 관계를 나타내는 말이지요. 그러한 신뢰 관계가 구축되면 내담자가 마음속 고민을 털어놓기 쉬워집니다.

설득할 때도 라포르 형성이 중요합니다. 간단하게 말하면 라포르를 형성한다는 것은 상대방이 '위화감 없이 자신을 좋아하게 만드는' 것입니다.

'이 사람과 함께 있으면 기분이 좋다'거나 '이 사람이 하는 말은 왠지 마음에 확 와닿는다', '함께 있으면 마음이 편하네'…. 상대방에게 이런 인상을 줄 수 있다면 설득하기 쉬워질 것입니다.

그렇다면 어떻게 해야 상대방이 자신을 좋아하게 만들 수 있을까요?

우선 **자신부터 상대방을 알려고 노력해야** 합니다. 자기 자신이 먼저 상대방을 좋아하지 않으면, 상대방도 자신을 좋아하지 못합니다. 상대방을 어떻게 느끼는지는 말로 표현하지 않아도 느껴집니다.

그런 다음 **공통의 취미나 공감 포인트를 발견하면, 라포르를 형성하기가 더욱 수월해집니다.** 사람들은 보통 공통점이 있는 사람을 좋아하는 경향이 있기 때문입니다.

라포르를 형성하기 위해서는 상대방을 이해하고, 상대방도 자신을 이해해 줘야 합니다. 또 마음의 거리를 좁히기 위해서는 비즈니스 내용뿐만 아니라, 자신의 사람됨을 알아봐 줄 수 있어야 하지요. 예전에 실리콘 밸리의 벤처 투자자와 이야기를 나눴을 때의 일입니다. 벤처 투자자들은 전 세계 기업에 투자하는데, 사전 조사를 통해 일본 시즈오카의 스타트업에도 투자하고 있다는 사실을 알게 되었습니다. 그래서 "어떤 계기로 시즈오카에 있는 스타트업에 투자하게 되었습니까?"라고 질문하자 "어떻게 아셨습니까?"라며 상대방과 순식간에 거리가 좁혀졌고, 의사소통하기가 수월해졌습니다.

팀 구성원을 설득하고 싶다면 평소 라포르를 형성해 두어야 합니다. 라포르를 형성하는 가장 첫 단계는 자기 자신이 구성원들과 함께 일할 때 마음을 편하게 가지는 것입니다. 스스로 마음이 편하다고 느끼면 주변 사람도 무의식적으로 그 마음을 느끼게 됩니다.

다음 단계는 자신의 팀 구성원의 마음을 편하게 만들어 주는 것입니다. 자신과 상대방 모두가 마음 편하다고 느끼는 관계를 만들 수 있다면, 설득력이 극적으로 향상됩니다.

자신과 함께 아는 것이 마음 편하다고 느끼면, 팀 구성원도 당신이 하는 말에 귀를 기울이게 될 것입니다.

반대로 저나 팀 구성원 중 한 사람이라도 상대방을 불쾌하게 느끼면, 메시지나 조언을 건네기가 어려워집니다. 다른 구성원을 설득하려고 할 때도 제가 전하고 싶은 말을 방해할 수도 있지요. 그만큼 라포르 형성이 중요합니다. '6C'를 명심합시다.

페인 포인트 찾기

앞서 언급했듯이 아무리 좋은 상품이나 서비스, 프로젝트라고 하더라도 상대방의 베네핏과 합치하지 않으면, 예스라는 답을 받을 수 없습니다. 또 사내에서 기획을 통과시키려 할 때도 의사 결정권자의 결정 기준이나 베네핏을 확인하지 못하면, 통과될 확률은 낮아집니다.

상황 설정과 라포르 형성 다음에는 상대방의 생각이나 의향을 경청해 봅시다.

저렴한 상품을 판매할 때는 한두 번의 경청으로도 충분할 수 있지만, 아파트나 고급차 같은 고액 상품이나, 조 단위의 돈이 오가는 프로젝트라면 몇 번이고 경청해야만 합니다. 경청을 거듭하다 보면 신뢰 관계도 쌓이게 되므로 조급해하지 말고 진행해야 합니다.

경청해야 할 부분은 크게 보면 '네거티브한 것'과 '포지티브한 것' 두 가지입니다. 어느 쪽을 먼저 물어보건 상관없지만, '네거티브'한 일은 사람을 움직이게 만드는 강한 동력이 되므로 반드시 질문해야 합니다.

1. 페인 포인트를 깨닫게 하라

네거티브 경청의 첫 번째는 '페인 포인트를 깨닫게 하는 것'입니다.

3파트 '네거티브를 파악하는 아홉 가지 질문'에서 말한 것처럼, 페인 포인트는 하고 싶지 않은 일이나 고통스러운 일을 말합니다. 바꿔 말하자면 어떤 감정이나 마음의 변화를 느끼는지, 어떤 감정을 피하고 싶은지를 의미하지요. 상대방의 아픈 구석을 파고들어 봅시다.

어째서 네거티브를, 상대방의 아픈 구석을 파고들어야 하는 걸까요? 앞서 이야기한 것처럼 사람은 좋거나 쾌적한 방향으로 움직이는 것이 아니라, 고통을 피하는 방향을 선택하기가 쉽기 때문입니다. 질문자가 페인 포인트에 대해 질문하기만 해도, 그 고통을 회피하려는 감정을 끌어낼 수 있습니다.

특히 영업할 때는 상대방의 페인 포인트를 깨닫게 하는 것이 아주 중요합니다. "이 상품을 사면 좋다."라고 하기보다 "사지 않으면 손해를 본다."라는 페인을 보여 주는 편이 구매 의욕을 높일 수 있습니다. 상대방은 비용을 들여 자신이 가진 문제를 해결할 수 있다면 반드시 구매하게 될 것입니다.

무언가를 판매하는 사람들이 범하는 가장 흔한 실수가 바로 구매자의 페인을 간과한다는 점입니다. 구매자가 페인을 느끼지 못한다면 물건을 판매할 수 있는 확률은 희박해집니다.

- 그 사람에게는 어떤 걱정거리나 힘든 일이 있는가?
- 지금 어떤 과제를 갖고 있는가?
- 현재의 대응법은 어떤 단점이 있는가?

이러한 점을 질문하며 파고들어야 합니다.

상대방에게 어떤 문제가 있는지 모를 때는 "어째서입니까?"라고 팔로우업 질문을 반복해 보세요.

저는 다섯 번까지는 이유를 물어도 괜찮다고 생각합니다. 첫 대답에는 본심이 담기지 않는 경우가 많습니다.

몇 번이고 반복해서 물어보면, 그 사람이 가지고 있는 진짜 문제나 필요한 것이 무엇인지, 그 사람이 무엇을 피하고 싶어 하는지 등 진실한 감정에 도달할 수 있습니다. 대개 대여섯 번

정도 팔로우업 질문을 해 보면 진솔한 이야기가 흘러나옵니다. 무엇이 정말로 힘든지, 무엇이 정말로 후회스러운지를 점차 알 수 있게 되지요.

2. 페인 포인트를 증폭시켜 보여 주어라

상대방의 페인 포인트를 끌어냈다면 이번에는 그 고통을 증폭시켜 그 의미를 끌어내는 작업을 해 봅시다.

예컨대 상품이나 서비스를 구매하지 않는다면 그 후에는 얼마나 큰 고통을 겪게 될지를 설명하는 것이지요. 예를 들면 이렇게 말이죠.

"구매하지 않으면 이런 페인을 겪게 될 것입니다.", "심지어 페인이 증폭될 것입니다."

청소기를 예로 들어 보겠습니다. 흡입력이 아주 강력한 청소기를 구매하면 매트리스와 침구, 소파와 카펫에 떨어진 이물질까지 말끔하게 빨아들일 수 있어 집안이 쾌적해져 상쾌한 기분을 느낄 수 있습니다.

여기서 상대방의 페인을 끌어내려면 청소기를 사지 않았을 때를 예측하여 이야기하면 됩니다.

"이 청소기를 들이지 않는다면 소파에 앉았을 때 과자 부스러기가 만져질 거예요.", "아이 친구 엄마들이 우리 집에 와서 소파에 앉았을 때 나쁜 인상을 주고 싶진 않으시죠?"라며 페인을 강조하는 것이지요. 심지어 이불 위를 청소하지 않으면 그 먼지가 아이에게 알레르기나 천식을 유발할 가능성이 있다는 등의 이야기를 하면 페인이 더욱 증폭됩니다. 그러면 그러한 페인을 피해야만 한다→**피해야만 하므로** 사야겠다는 사고의 흐름이 생겨납니다.

제가 관여했던 프로젝트에서도 페인을 증폭시키는 작업을 했습니다.

타사와 제휴하여 투자하는 안건이었는데, 임원에게 "우리가 투자하지 않는다면 다른 기업이 투자할 수도 있는데, 기회를 빼앗겨도 괜찮습니까?"라고 질문했습니다.

심지어 프로젝트에는 대기업도 참여하기로 되어있었습니다. 만약 이 안건을 그냥 넘겨 버리면 그 기업과 콜라보레이션할 기회마저 무산되고 맙니다. 그렇게 페인을 증폭하여 강조한 결과, 임원은 "어쩔 수 없군! 해 보지!"라며 해 보기로 했습니다.

이렇게 문제의 깊이를 전달하면 페인이 증폭되므로 상대는 위기감을 느끼며 서둘러 대응하게 됩니다. 페인을 증폭시키는 일은 증폭시키면 증폭시키는 만큼 빨리 회피하고 싶은 마음이 생겨나므로 설득으로 이어지게 되지요.

　이처럼 상대방의 감정을 고려하여 상대방의 페인 포인트나
원하는 바를 대화 속에서 끌어낸다면, 의사 결정권자로부터
긍정적인 결과를 받아 낼 수 있을 것입니다.

4단계

욕망 확인

이번에는 경청을 통해 상대방의 욕망을 파악해 보겠습니다.
다음 순서로 경청해 봅시다.

- 욕망을 듣는다(경청)
- 욕망의 이유를 끌어낸다
- 욕망을 확인한다

욕망이 명확하지 않은 사람도 있으므로 다양한 각도에서
질문을 던지며 생각해 볼 수 있게 합시다.
단순하게 욕망이 무엇인지 묻기만 해서는 진실한 마음을
파악할 수 없습니다.

예컨대 고객이 "날씬해지고 싶다."라고 바란다고 해 봅시다. 날씬해지고 싶다고 생각하게 된 이유는 천차만별입니다. '이성에게 인기가 많았으면', '귀여워 보이고 싶어서'라는 이유인가 하면, '건강해지고 싶어서'라는 사람도 있습니다. 또는 누군가에게 호감을 사고 싶다기보다 살이 찐 상태의 자신을 스스로 좋아할 수 없어서 자기긍정감이 낮아졌기 때문에 자신을 좋아하고 싶어서 날씬해지고 싶다고 말하는 사람도 있을 것입니다.

이처럼 각각의 이유에 따라 설득 방법도 달라집니다. 따라서 왜 날씬해지고 싶은지를 정중하게 묻고 그 이유를 알아내야 합니다.

이유를 끌어냈다면 다시 한번 "맨 처음 대답한 이유가 정말 당신이 바라는 것인가요?"라고 확인해 봅시다. 이렇게 확인하는 까닭은 이유를 명확히하면 실제로는 가장 처음에 이야기한 것이 자신의 본심이 아니라는 사실을 깨닫는 일도 있기 때문입니다.

예를 들어 고객이 "고층 아파트에 살고 싶어요."라고 말했다고 가정해 봅시다. 그러나 이유를 물어보다 보면 꼭 고층 아파트에 살지 않아도 괜찮은 사례도 있습니다. "가족과 행복하게 살고 싶어서.", "생활이 좋아졌으면 좋겠다." 같은 이유 때문이라면 반드시 고층 아파트가 아니더라도 괜찮을 테지요.

이런 경우는 보통 고층 아파트에 사는 것은 일반적으로 이루어지기 힘든 일이니 가치가 있다고 믿는 경우입니다. 많은 사람은 도달하기 어려운 일에는 가치가 있다고 믿기 쉽습니다. 그러나 고층 아파트에 사는 것이 자신에게 가치가 있는지는 또 다른 문제입니다. 이처럼 고객이 가치와 곤란한 일을 혼동하는 경우는 드물지 않습니다.

특히 이유를 더 파고 들어가다 보면 "좋은 지위를 갖고 싶다."라는 다른 이유를 말하기도 합니다. 즉, 인정 욕구를 만족시키기 위해 반드시 고층 아파트에 살고 싶다는 것인데, 이런 경우는 고층 아파트에 살아야만 자신의 가치가 인정받는다고 스스로 믿고 있는 것입니다.

저도 이와 비슷한 경험이 있습니다. 저는 UCLA에서 이그제큐티브 MBA를 취득했는데, MBA를 취득하고 싶었던 이유에는 '다양한 사업가들과 네트워킹할 수 있어서', '최신 학문을 배우고 싶어서'도 있지만, 새삼스럽게도 'MBA 취득자라는 말을 동경하고 있었기 때문'이라는 점이 크게 작용했습니다. 또 고액의 학비가 드는 만큼, 왠지 가치가 있다고 여겨졌습니다.

만약 저에게 누군가가 '동경심 때문에 고액의 학비를 내도 괜찮은가?', '공부는 힘들 텐데 괜찮은가?'라고 질문을 던졌다면 '냉정하게 생각해 보면 이그제큐티브 MBA가 아니어도 괜찮은 건 아닐까'라고 생각할지도 모르겠습니다. 이처럼 본심을 파헤쳐 보기 위해서는 이유를 파악하고, 본래의 욕망을 확인해 봐야 합니다.

5단계

제안·조율·실행

경청한 뒤에는 실행을 해야 합니다. 경청한 내용을 바탕으로 새로운 서비스나 기획 등을 제안하거나, 세부 조건을 추가하여 제안하기도 합니다.

1. 제안

제안할 때 주의할 점은 좋은 점만 말하지 않는 것입니다. 제안할 때는 그 제안을 통해 얻을 수 있는 베네핏을 늘어놓고 싶어지지만, **좋은 점만 말하다 보면 상대방은 의심스럽다고 느끼게 되므로 오히려 설득하기 어려워집니다.**

예를 들어 부동산에서 수천만 엔짜리 건물과 아파트를 권했다고 해 봅시다.

"역에서 5분 걸리는 좋은 입지이다. 어디에 가건 접근성이 높다.", "집이 넓고 층고가 높다.", "바닥과 벽에 고급 대리석을 사용했다.", "주방이 예쁘고 사용하기 편하다.", "옥상 테라스가 넓다." 등 장점만 말하는 영업 사원보다, "유치원까지 걸어가 기에는 찻길이 많아서 주의가 필요하다.", "아이 초등학교까지 는 조금 멀 수도 있다."처럼 단점도 정직하게 알려주는 영업 사원이 더 믿음직해 보입니다. 둘 중 어느 쪽의 이야기에 귀를 기울일 것인가 물어보면 후자라고 대답하는 사람들이 많을 것입니다. 전자를 두고 '좋은 점만 늘어놓고 빨리 서명하게 하 려는 거 아닌가?'라고 생각하는 사람도 있을 것입니다.

화장품 판매도 마찬가지로, "이 비타민 C 크림은 여하튼 효 과가 좋아요."라고 장점만 밀어붙이는 판매원보다 "피부가 약한 분께는 추천해 드리지 않아요."라고 말해 주는 판매원이 더욱 믿음직스 러워 보입니다.

새로운 거래처를 개척하기 위해 프레젠테이션을 할 때도 "어떤 일이건 할 수 있습니다."라고 하는 회사보다도, "이 분야 는 자신 없지만, 이 분야는 아주 자신 있습니다."라고 하는 회사가 더 믿음직스럽습니다. 사람들은 보통 솔직하게 좋은 점도 나쁜 점도 알려 주는 사람을 신뢰하기 때문입니다.

이 세상에 완벽한 사람은 없습니다. 그러니 완벽하지 않다는 점을 솔직하게 말하는 편이 더 믿음이 가고, 고객의 마음에도 더 와닿을 것입니다.

또 하나 부동산 영업을 할 때는 상대방의 생애 주기를 고려하여 제안하는 것도 중요합니다. 아이가 태어나 성장하게 되면 집에 바라는 점도 변화합니다. 집은 그렇게 쉽게 바꿀 수 없으므로, 미래를 고려하여 종합적으로 제안하는 편이 믿음직합니다.

아무리 장점이 있어도 근거를 보여 주지 않으면 상대방은 이해하지 못합니다. 장점을 수치화하여 보여 주는 것도 좋은 방법입니다.

예컨대 가격이 고객의 예산을 넘어서는 자동차를 판매한다고 해 봅시다. 이 경우 선택지에 있는 다른 자동차와 연비를 비교하여 예산을 넘어서는 자동차의 유지 비용이 낮다는 점을 설명할 수 있다면 고객이 이해할 가능성이 높아집니다.

회사에 새로운 시스템 도입을 제안할 때도 도입 시 초기 비용만이 아니라, 유지 비용도 반드시 계산하여 제안해야 합니다.

2. 조율

서비스나 기획 등을 제안한 다음에는 세부 조건을 조율할

차례입니다. 보통 이때는 **가격이건 계획이건 3단계의 선택지를 준**
비합니다.

생각해 보면 3단계로 가격대를 나눠 둔 서비스는 아주 많습
니다. 예를 들어 코스 요리의 등급은 라이트, 스탠더드, 프리
미엄 등으로 나뉘고, 비행기 좌석은 퍼스트 클래스, 비즈니스,
이코노미 세 가지 클래스입니다. 신용카드도 일반 카드, 골드
카드, 플래티넘 카드가 있습니다.

아마도 인간은 선택지가 세 가지인 편이 고르기 쉬운 듯합
니다. 선택지가 두 가지여도 고르기 어렵고, 대여섯 가지나 되
면 고르기가 더 어려워지지 않을까요?

또 **세 가지 선택지가 있으면 중간 선택지를 고르고 싶어지는 심리도**
존재합니다. 중간이면 너무 비싸지도 너무 싸지도 않고, 서비스
가 가능한 것도 아니고 불가능한 것도 아니고, "가장 저렴한
것보다 좋은 것은?"이라는 생각을 하게 되기 때문입니다.

예컨대 피부 관리 코스 중 가장 기본적인 A 코스가 10만 원,
중간인 B 코스가 30만 원, 가장 비싼 C 코스가 50만 원이라고
하면, 왠지 모르게 B 코스를 선택하는 사람이 많을 것입니다.

그런데 만약 B 코스가 C 코스에 가까운 40만 원이라면 'B
도 C도 요금이 비싸다'라며 어느 것도 선택하지 않는 사람이
늘어날 수도 있습니다. 그러니 대중이 중간의 B 코스를 고를
수 있도록 가격을 책정하는 것이 가격 전략의 기본입니다.

제안할 때 주의해야 할 점은 지금까지 제안한 내용을 확실하게 이해하고 있는지 확인해야 한다는 점입니다.

상품 설명이 미흡했다거나, 세부적인 숫자 설명을 짧게 끝냈다면 상대방은 혼란스러울 뿐입니다. 주머니 사정을 따지지 않고 구매할 수 있는 값싼 물건이나 서비스라면 몰라도 고액의 비용이 드는 상품이나 프로젝트일수록 충분한 설명이 필요합니다. 예를 들어 목적 없이 그릇을 보러 온 고객에게 설명도 제대로 하지 않고 50만 원이나 하는 냄비를 팔려고 한다면 힘들 것입니다. 그 냄비가 얼마나 좋고, 어떤 요리를 만들수 있는지, 아주 세세한 부분까지 이해할 수 있게 자세하게 설명해야 겨우 구매하게 되는 것이 보통입니다. 상대방이 설명한 내용을 아주 잘 이해하고 있다고 확인하지 않으면, 이야기가 무산되는 일도 있습니다.

또한, 프레젠테이션이 끝난 뒤에 종종 이해하기 어려운 질문을 하는 사람이 있는데, 그런 사람은 프레젠테이션 내용을 이해하지 못한 것이 틀림없습니다.

상대방 잘못이라고만 할 수는 없습니다. 자신이 설명한 내용이 100% 정확하게 상대방에게 전달되는 일은 거의 없다는 전제로 정중히 이야기하면서 상대방에게 내용이 잘 전달되고 있는지 몇 번이고 확인합시다.

3. 시간 약속

제안할 때는 시간 약속이 중요합니다. 이는 제안을 받기까지의 약속 시간을 정하는 것을 의미하지요.

그 전형적인 사례가 바로 마트에서 종종 하는 '타임 세일'입니다. 또 홈쇼핑에서는 200개 한정이라며 상품 수를 제한하여 "이제 열 개 남았습니다. 서둘러 전화 주세요."라고 외치는데, 이 역시 시간 약속의 한 형태라고 할 수 있습니다.

이렇게 기간을 정해 두면 상대방의 결단을 촉구할 수 있습니다. 반대로 시간을 제한하지 않으면 질질 끄는 일이 많으니 주의해야 합니다.

듣기의
기술

설득 과정에서는 3단계와 4단계에서의 듣기가 중요합니다.

　상대방과의 대화가 이루어지는 동안에는 기능적인 이득만이 아니라, 감정적인 이득을 끌어내야 합니다. 이렇게 할 수 있으면 상대방의 욕구를 경청하면서도 자신의 욕망과 융합되는 지점을 발견하고, 타협점을 도출해 내기가 쉬워집니다.

　듣기가 힘든 사람은 적지 않지만, '경청, 이해, 공감'이라는 세 가지 요소에 유의해서 연습한다면 듣기 능력은 점차 좋아질 것입니다.

　각각의 포인트를 소개해 보겠습니다.

설득 과정

1단계
상황 설정

- ☐ 관찰
- ☐ 허가·의도
- ☐ 이해
- ☐ 공감

2단계
라포르 형성

- ☐ 라포르 형성

3단계
페인 포인트 찾기

- ☐ 페인 포인트 확인시키기
- ☐ 페인 포인트 증폭하여 보여 주기

4단계
욕망 확인

- ☐ 욕망 물어보기
- ☐ 욕망의 이유 끌어내기
- ☐ 욕망을 확인하기

5단계
제안·조율·실행

- ☐ 제안
- ☐ 조율
- ☐ 시간 약속

듣기의 기술 1: 경청

'경청'이란 간단하게 말하면 상대방의 이야기를 확실하게 듣는 태도를 말하지만, 이 경청을 잘하는 사람을 찾아보기란 좀처럼 쉽지 않습니다.

'이런 게 해결책 아니야?'라며 지론을 펼치거나, 도중에 이야기를 끊고 끼어드는 사람이 많습니다. 우선 이런 행동을 하지 않도록 합시다. 상대방의 의견에 크게 반대하더라도 논의에 빠져 언쟁하지 않도록 주의해야 합니다.

경청의 기본은 집중하여 듣기입니다. 가끔 회의 중에 전혀 집중하지 않는 사람이 있다고 느낀 적이 있지 않나요? 말하는 사람에게는 그런 사람이 금세 눈에 들어옵니다. 아이콘택트를 하거나, 끄덕이며 이해했다고 표시하는 등 듣고 있다는 자세를 보여 줍시다.

대화를 서두르거나, 지레짐작하지 않는 것도 중요합니다. 상대방의 입장을 이해하는 데 시간을 들이면 들일수록, 상대방에게 좋은 인상을 줄 수 있습니다.

경청할 때는 단순하게 듣기만 할 것이 아니라, "조금 더 자세하게 말씀해 주세요."라고 요청하거나, "그 말은 이런 뜻인가요?"라고 확인 과정을 거쳐야 합니다. 이처럼 대화의 캐치볼을 할 때는 상대방이 던진 공을 엉뚱한 방향으로 되돌려주지 않도록 주의해야 합니다.

자신이 던진 공에 전혀 다른 반응을 보인다면 상대방은 실망하게 됩니다. 공을 되돌려줄 때는 세심하게 주의를 기울여야 합니다.

영업 현장에서는 경청하면서 상대방이 원하는 답을 찾아내놓아야 합니다. 이렇게 정중하게 대답하는 자세를 통해 진심으로 고객을 생각하는 모습이 전해집니다. 여기에 시간을 들이지 않는 사람이 많은데, 이를 소홀히 하면 일이 잘 풀리기 어렵습니다.

듣기의 기술 2: 이해

듣는 중에는 상대방을 '이해'하려는 태도가 중요합니다. 상대방의 이야기 중 알지 못하는 부분이 있다면 회의 중이건 영업 현장이건 주저하지 말고 질문합시다. 그러면 상대방이 말하는 바를 바르게 이해할 수 있을 것입니다.

파워포인트로 프레젠테이션할 때 종종 "도중에 질문하는 편이 좋나요, 아니면 마지막에 질문하는 편이 좋나요?"라는 질문을 받곤 합니다. 만약 그 자리에서 질문해도 좋다고 하면, 사양하지 말고 그 자리에서 설명을 요청하세요. 발표하는 사람 입장에서도 이야기가 매끄럽게 이어지지 않는 것보다, 청중이 자신의 말을 진지하게 이해하려는 태도를 보여 주는 것이 훨씬 반갑기 때문에 불쾌하게 여길 이유가 없습니다.

'다시 말하기'도 이해를 높이는 데 좋습니다. 들은 이야기를 되짚으며 "혹시 제가 이해하고 있는 바가 정확하다면, 당신이 말하고자 하는 내용이 이런 것일까요?"라고 물어보는 것이지요. 그러면 자신이 제대로 바르게 이해하고 있는지 확인할 수 있습니다. 이 행동은 반드시 하시기를 추천합니다.

상대방의 이야기를 이해하기 위해서는 '비판적 사고'도 중요합니다.

여기서 말하는 비판적 사고는 상대방과 논쟁하라는 것이 아니라, 다른 시각에서 바라보며 상대방이 말하는 바나 논의 내용을 객관적으로 분석하거나 평가해 보는 일을 말합니다. 그러면 상대방이 말하는 내용을 이해하게 되는 한편, '전혀 다른 관점이나 정반대 입장에서는 이렇게 생각할 수 있구나'라고 생각할 수 있게 되고, 상대방의 관점과 자신의 관점, 양측의 장단점을 파악할 수 있게 됩니다.

잘 듣기 위해서는 '문화적 이해'도 중요합니다.

예컨대 다양한 국적의 사람들이 모이는 미팅 현장에서 방글라데시 사람과 이야기할 때와 중국 사람과 이야기할 때는 그 문화적 배경이 전혀 다르다는 점을 이해해야만 합니다. 상대방의 소통 스타일이나 가치관은 자신과 다르다는 마음가짐을 가지고, 자신의 편견을 내려놓고 상대방이 말하려는 바를 우선 진지하게 받아들이려는 노력이 필요합니다.

듣기의 기술 3: 공감

세 번째 포인트는 '공감'입니다.

상대방의 의견에 100% 동의할 필요는 없지만, 상대방의 관점과 감정을 이해하려고 노력하며 '공감하고 있음'을 표현하는 것이 중요합니다.

얼마 전 새로운 휴대폰을 구매하려고 매장에 방문한 때의 일입니다. 그곳에서 만난 여성 판매원은 제게 '공감이란 이런 것이다'라는 인상을 남겨 주었습니다. 그녀는 차분한 태도로 새로 추가된 기능을 하나하나 설명해 주었는데, 저는 설명을 듣다 가격이 궁금해서 물어보았습니다. 가격표를 확인한 순간, 예상대로 꽤 비싸더군요. 저는 웃으며 "아무래도 통신사 월정액까지 합치면 지금 내는 요금보다 더 나가겠네요."라고 말했습니다.

이때 일반적인 판매원이라면 "아니에요, 이 모델은 최신 기종인 데다, 벌써 인기가 정말 많아요."라든가 "할부하면 한 달에 2만 원 정도밖에 차이 나지 않아요."라고 말하며 요금이 비싸다는 사실을 드러내지 않으려고 했을 것입니다.

하지만 제가 만난 그 판매원은 "솔직히 많이 비싸죠."라고 말했습니다. 그렇게 공감한다는 자세를 보여 주면, 믿을 수 있다고 느끼게 됩니다.

또 한 명, 공감의 표본으로 손꼽을 수 있는 사람이 앞서 소개한 부동산 영업 사원입니다.

온라인으로 집을 보면서(일본에서는 코로나19 이후 집을 구할 때 부동산 직원만 해당 집에 방문하고, 고객은 원하는 장소에서 온라인으로 영상과 음성을 통해 집을 소개받는 서비스가 많아짐_역주) "큰 도로 바로 옆인데 시끄럽지 않나요?", "신발장이 작은데, 신발을 둘 곳이 부족하지 않나요?"라며 궁금한 점을 물어봤습니다.

일반적인 영업 사원이라면 "전혀 그렇지 않아요. 담이 꽤 높아서 소음은 전혀 신경 쓰이지 않을 거예요.", "현관 신발장은 작지만, 차고 쪽의 큰 문을 열고 들어가면 거기에 둘 곳이 있어요."라며 단점을 숨기려고 했을 것입니다.

하지만 그 영업 사원은 달랐습니다. "아파트 후문에서 쓰레기장까지 거리가 좀 있는데, 쓰레기 버리러 가기 불편하지 않을까요?"라고 묻자, 그 영업 사원은 "맞습니다. 말씀하신 대로입니다.", "저도 이 집을 봤을 때 그렇게 생각했습니다."라며 제가 하는 말을 긍정해 주었습니다. 반대로 "어떻게 해야 할까요?" 같은 이야기를 저에게 물어보기도 했지요.

이 부동산 영업 사원처럼 공감뿐 아니라 반대로 질문하고, 고객과 함께 해결책을 모색하는 방법도 있습니다. 그러면 "아니, 쓰레기장은 이렇게 하면 괜찮겠네요."라는 답이 나와서 이야기 속에서 단점을 해소할 수 있습니다. 자연스러운 대화처럼 보이지만, 고도의 스킬이라고 할 수 있습니다. 사실은 공동 작업 속에서 공감이 생겨나기 쉽습니다.

실제로 이후에 저는 이 아파트를 계약했습니다. 영업 사원이 공감을 구사하여 저에게 예스를 끌어낸 것입니다.

이처럼 말로 공감을 표하는 것도 좋고, '상대방의 이야기에 맞춰 표정을 바꾼다'거나, '고개를 끄덕인다'거나, '몸을 기울여 듣는' 등 비언어적 요소를 통해 공감을 표하는 것도 좋습니다. 온라인 미팅에서도 비언어적 요소가 전달됩니다.

복기하기

설득 과정을 실행해 본 뒤에는 되돌아보는 시간이 필요합니다. 대화한 뒤에 시간을 들여 마음속으로 이번 설득이 어땠는지, 이번 대화에서 나의 태도와 그에 따른 상대방의 반응이 어땠는지를 복기해 보는 것이지요.

자신이 얻은 것과 상대방이 전달하고자 했던 것에는 각각 이득과 손해가 있을 수 있습니다. 따라서 객관적으로 이번 논의가 어땠는지 되짚어 보는 것입니다.

이 단계에서는 소통 중에 미흡했던 부분이나, 자신의 해석이 부족했던 부분을 특정하고, 이 같은 상황에 이르게 된 원인을 이해하여, 다음 대화에 어떻게 개선할 수 있을지를 생각해 봅니다.

이와 동시에 개선하기 위해 평소 연습해야 할 점이 없는지도 생각해 봅시다. 예를 들어 비판적 사고가 약하다면, 이를 강화하기 위해 세미나에서 공부해도 좋고, 동료에게 "오늘의 대화 흐름은 어땠어?"라고 물어보고 개선할 내용을 바탕으로 다음에는 어떻게 해야 할지 함께 다시 고민해 보는 것도 좋습니다.

이 책을 읽는다고 해서 바로 설득을 잘하게 되는 것은 아닙니다. 그 과정 중에 몇 번이고 시행착오를 겪게 될 것입니다.

그러나 시행착오 또한 자연스러운 과정입니다. 중요한 것은 이러한 실패 경험에서 배우고, 커뮤니케이션 스킬을 향상시키기 위해 계속해서 노력하는 것입니다.

설득이 재미있는 이유는 단순히 혼자 공부한다고 해서 실력이 향상되는 것이 아니기 때문입니다. 상대와 그 상황에 맞춰 설득의 방법이 달라집니다.

그러나 하나하나의 설득 현장을 소중히 여기고, 반복해서 개선해 나간다면 설득력은 반드시 좋아질 것입니다. 일희일비하지 말고, 계속해서 개선해 나가도록 집중해야 합니다.

PART 6

이럴 때는
YES 어떻게
할까?
CODE

실전 설득 상황
Q&A

앞서 설명한 '설득 과정'은 다양한 설득 상황에서 활용할 수 있지만, 설득과 관련한 케이스는 수도 없이 많은 만큼 이 과정만으로 모든 상황의 고민을 해소할 수는 없을 것입니다. 따라서 자주 발생하는 케이스와 대처 방법을 Q&A 방식으로 소개해 보겠습니다.

> Q. 조직의 시스템을 바꾸고 싶은데, 여기저기서 반대의 목소리가…
> A. 큰 물고기를 급히 잡으려고 하지 말자!

조직이 크면 클수록, 새로운 것을 도입하기 어렵습니다. 작은 시스템 하나를 바꾸려 해도 현장 여기저기서 반대의 목소리가 흘러나오다 보니 좌초되는 일도 흔하지요.

그럴 때는 기본적으로 '큰 물고기를 급히 잡으려고 하지 말자'라는 마음가짐을 가져야 합니다. 전체를 한 번에 바꾸려 하지 말고, 국지적으로 조금씩 바꿔 가자는 것입니다.

예컨대 오랫동안 익숙하게 사용해 왔던 사내 경비 정산시스템을 다른 시스템으로 바꾸려고 한다고 해 봅시다. 어떤 부문에서는 반대의 목소리가 나오겠지만, 보통 모든 부문에서 반대하지는 않을 것입니다. "테스트해 본 다음 도입하고 싶다."라는 부문도 있을 것입니다.

그런 부문부터 국지적으로 도입하는 것이 큰 조직을 바꿀 때의 기본적인 전략입니다.

거기서 호평이 나오기 시작하면 "우리 부문에서도 도입하고 싶다."라는 말이 나오게 됩니다. 점차 도입하는 부문이 늘어나면 '다수가 하면, 우리도 하고 싶다'라는 심리적 특성 때문인지, 따로 말하지 않아도 "우리도 도입하고 싶다."라고 말할 것입니다.

이처럼 국지적으로 오셀로의 흑백을 뒤집듯이 도입해 가면, 언젠가는 한 번에 뒤집을 수 있게 될 것입니다.

큰 물고기를 급히 잡으려 할 것이 아니라, 시간 목표를 길게 잡아 두고 조금씩 바꿔 나간다면, 결국은 큰 물고기를 잡을 수 있을 것입니다.

> Q. 고가의 상품을 판매하려면?
>
> A. 세계관을 현실감 있게 보여 주어 상상하게 만들자.

상대방을 설득하기 위해서는 상품이나 서비스를 도입하거나 프로젝트를 실시하게 되면 어떤 세계가 실현될 수 있는지 그 이미지를 전달할 수 있어야 합니다.

자료만 가지고 설명하기 어렵다면 어떤 형태로든 그 세계를 체험할 수 있게 하는 것이 좋습니다.

예컨대 벤츠나 BMW 같은 고급 외제차 제조사는 종종 잠재고객을 이벤트에 초대하곤 합니다. 고급 차는 라이프스타일을 파는 상품인 만큼, 차를 사면 어떤 라이프스타일을 누릴 수 있을지를 가능한 현실감 있게 보여 줄 수 있어야 합니다.

외제차 제조사들은 차주들을 초대하여 호텔에서 식사 모임을 가지거나 나이트 풀 이벤트를 실시하곤 합니다. 거기에 "파트너와 함께 식사 모임에 초대합니다. 구매하지 않아도 좋으니 꼭 와 주시기를 바랍니다."라며 초대하는 것이지요.

이런 경험을 통해 '이 고급 차를 사면 이런 세상이 기다리고 있구나', '나도 이런 라이프스타일을 즐기고 싶다'라고 생각하게 되고 차에 대한 구매 욕구가 증가하게 됩니다. 이때 시승회에 초대한다면 계약은 거의 결정된 것이나 다름없지요.

> Q. 의사 결정권자가 난색을 보인다면?
>
> A. '난색'을 파고들자.

    사내에서 프레젠테이션하기 전에 물밑에서 결정권자들과 접촉해 보면 난색을 보이는 경우가 있습니다. 따로 손을 쓰지 않고 그대로 프레젠테이션에 임한다면 그 기획은 분명히 통과하지 못할 것입니다.

    이러한 벽을 깨고 기획을 통과시키기 위해서는 난색을 보이는 사람에게 그 이유가 무엇인지 물어보고, 파고들어 봐야 합니다.

    헬스케어 스타트업 투자와 관련된 안건의 경우, 다음과 같은 반론이 제기될 수 있습니다.

- **기술적인 이유** 이 기술이 정말로 문제가 없는가
- **금전적인 이유** 투자할 스타트업의 배경이 괜찮은가
- **감정적인 이유** 질투나 삐뚤어진 마음 때문에 통과시키고 싶지 않다. 어떻게든 망가트리고 싶다

    이러한 이유 중 가장 큰 이유가 무엇인지에 따라 대처하는 방법도 달라집니다. 기술적인 이유나 금전적인 이유라면 근거를 대며 설명하면 됩니다.

문제는 감정적인 이유입니다. 삐뚤어진 마음이나 질투 때문에 발목을 잡으려는 사람이 있다면, 이를 해소하는 데 애를 먹습니다.

감정적인 문제는 금방 해결할 수 있는 문제가 아닙니다. 상대방이 감정적이라면 앞서 언급했듯이 긴 안목으로 사고하여 '시간'이라는 도구를 내 편으로 삼을 수 있게 노력해 봅시다.

의사 결정권자가 난색을 보이는 원인은 '잘못된 결단을 내리면, 나중에 자신이 책임을 져야만 한다'라는 두려움 때문입니다.

이러한 사람은 가능하면 결단을 내리지 않으려 합니다. 그래서 "A 안과 B 안 중 어느 쪽이 좋습니까?"라고 결단을 촉구하면, "잠시만 기다려 봐."라고 말하고 싶어 합니다.

그런 심리를 활용하여 의사 결정권자의 승인을 얻고 싶다면 "A 안과 B 안 중 어느 쪽이 좋습니까?"라고 물어볼 것이 아니라, "이 건에 대해서는 A 안으로 진행하고자 합니다. 이견 있으시면 말씀 주십시오."라며 하나를 선택해 결정한 내용을 확인하는 형태로 진행해 봅시다. 그러면 승인을 얻기 쉽습니다.

> Q. 단기적으로 설득하기 어려울 것 같다면?
> A. 장기전으로 전환하자.

단기적으로는 설득하기가 어렵겠다고 느껴지는데도, 애써 설득하려고 하는 것은 좋은 방법이 아닙니다. 강인하게 설득한 결과, 사태가 어그러져 영원히 설득하지 못하게 될 수도 있습니다.

그럴 때는 장기전으로 전환하기를 추천합니다.

제가 생각하기에는 큰 안건일수록 장기전으로 돌입해야 하고, 거절당하더라도 몇 번이고 계속해서 도전해야 합니다. 한 번 아니라고 거절하더라도 물러서지 말고, '어떻게 하면 개선할 수 있을까?'라며 의사 결정권자와 생각을 조율하며 타개해 나가다 보면, 돌파구가 열리게 될 것입니다.

예컨대 B to B 기업에 자사의 업무 효율화 시스템을 제안했을 때 "지금은 타사 시스템을 사용하고 있어서"라며 거절당한 적이 있습니다. 계약 기간 중 자사 시스템을 끼워 넣으려 하면 상대방의 마음을 불편하게 만들게 됩니다.

이럴 때는 계약 기간이 언제까지인지, 현재의 계약 내용이나 시스템을 사용하면서 불만은 없는지 등을 들어 보는 편이 좋습니다. 그 불만을 자사 시스템이 해결해 줄 수 있다면, 계약이 끝나기 조금 전에 다시 한번 접근해 보면 타사 시스템에서 자사 시스템으로 변경할 가능성이 높아집니다.

계절 수요를 잡으면 설득하기 쉬워지는 일도 있습니다.

조급한 나머지 무리하여 설득하기보다는 타임라인을 연장하여 좋은 타이밍을 노리는 것이 낫다는 점을 기억하시기를 바랍니다.

Q. 어떻게 해서든 빨리 성과를 내고 싶다면?

A. '서드 도어'를 찾는다.

어떻게 해서든 빨리 결과를 내고 싶다면 '서드 도어Third Door'를 찾아야 합니다.

미국의 작가 알렉스 바나얀Alex Banayan이 쓴 『나는 7년 동안 세계 최고를 만났다』라는 책을 보면 성공으로 향하는 문은 세 가지가 있다고 합니다.

첫 번째 문은 이른바 '정문'입니다. 열심히 공부하여 어려운 대학에 입학하고, 대기업에서 일한다…이처럼 이른바 정공법에 해당하는 문입니다. 세상을 살아가는 사람 중 99%는 희망하는 진로로 들어갈 수 있을지 없을지 마음을 졸이며 그 줄 뒤에 서게 되므로, 긴 줄이 호를 그립니다.

두 번째 문은 'VIP 전용 문'입니다. 억만장자나 좋은 집안에서 태어난 사람들만 이용하는 문입니다. 가계나 그에서 비롯된 권력으로, 그 2세들만이 걸을 수 있는 루트입니다.

그리고 서드 도어, 즉 세 번째 문은 '성공으로 가는 지름길'

을 의미합니다. 예를 들어 머라이어 캐리가 세계적인 가수가 될 수 있었던 것은 머라이어 캐리의 목소리를 담은 데모 테이프를 어떤 파티에 왔던 레코드 회사 사람의 차 안에 던져 넣었던 것이 계기였습니다. 천재일우의 기회를 기다렸다가, 이를 놓치지 않고 활용한 것이지요.

이처럼 설득에서도 '서드 도어'와 같은 기회가 올 때가 있습니다. 예를 들어 통과시키고 싶은 기획이 있는데 자신의 사업부에서는 채용되지 않았지만, 가끔 임원과 이야기할 기회가 있어 그 이야기를 했더니, 임원이 마음에 들어 하며 기획을 통과시켜 주는 것 같은 일입니다. 파이 반죽처럼 층층이 쌓인 조직이라는 피라미드의 계급 단계를 한 단계씩 올라가는 것이 아니라 한 번에 돌파할 수 있게 해 주기 때문입니다.

기회의 여신의 머리카락이라도 잡기 위해서는 준비가 필요하다는 말이 있듯이, 기회를 기다리지만 말고 그 기회가 왔을 때 잘 활용할 수 있도록 준비해 두어야만 기회를 활용할 수 있습니다. 예를 들어 요청이 왔을 때 바로 꺼내어 쓸 수 있도록 기획서를 작성해 두는 것도 준비의 일환입니다.

Q. 혼자서 설득하기 어려울 때는?

A. 다른 사람을 활용하자.

혼자서 설득하기 어려울 때는 방법을 바꿔 '다른 사람을 활용하여 설득하는' 것도 좋습니다.

예컨대 회사에서 A 씨에게 부탁할 일이 있는데 자신이 말해도 듣지 않는다면, 동료인 B 씨에게 부탁하는 것도 좋습니다. 'A 씨는 B 씨가 하는 말이라면 듣겠다'라는 생각이 든다면 무리하면서까지 혼자서 해낼 필요는 없습니다.

또 사내에서 기획을 통과시키고 싶을 때도 스스로 프레젠테이션하기보다, 더 설득력 있는 사람에게 프레젠테이션을 부탁하는 편이 성공률을 높일 수 있습니다.

예를 들어 20대, 30대 여성용 화장품 기획이라면 50, 60대 남성 부문장이 프레젠테이션하기보다 20대 여성이 프레젠테이션하는 편이 훨씬 설득력 있을 것입니다.

저는 까다로워 보이는 사람을 설득하러 갈 때 일부러 젊은 사원을 동행시키곤 합니다. 젊은 사원에게 미리 프레젠테이션 자료를 보여 주고, 그 사람의 의견을 반영한 다음 "제 부하가 애써 기획을 정리했으니, 오늘 잘 부탁드립니다."라며 젊은 사원에게 프레젠테이션하게 합니다. 그렇게 하면 제가 직접 프레젠테이션할 때보다 날카로운 의견을 던지지 않고, 냉정하게 들어 주기 때문입니다.

부문장 중에는 자기 업적으로 삼고 싶기 때문인지 부하가 정리한 기획서나 프레젠테이션 자료를 마치 직접 만든 것처럼 프레젠테이션하는 사람도 있지만, 저는 완전히 반대입니다. 업적은 전혀 필요 없고, 자신의 인정 욕구나 만족감 따위는 어떻게 되든 상관없습니다. 어쨌든 기획만 통과된다면 그것만으로 충분합니다. 여러분도 그런 사고방식을 가진다면, 기획이 통과되기가 한결 수월해질 것입니다.

이 책에서는 일관되게 감정을 중시하는 설득 방법에 대해 말씀드렸지만, 사실 설득하기 위해서는 상대방의 감정뿐만 아니라 자신의 감정도 고려해야 합니다. 그렇게 하면 '누가 설득을 하건, 기획만 통과되면 된다'라는 사고방식을 가질 수 있게 될 것입니다.

기획에 반대할 때도 똑같이 설득력이 있는 사람이 반대하는 편이 상대방을 이해시키기가 쉽습니다.

20대, 30대 여성용 화장품 기획도 "그런 상품은 팔리지 않을 것이다."라고 50대 베테랑 사원이 부정하면 '아니, 고객층은 당신 또래가 아니니까요. 타겟층인 20대, 30대의 취향도 모르면서'라는 반발심이 들고, 심지어 함께 관여하는 구성원들조차 의욕이 생기지 않을 것입니다.

저는 자신과 타겟층이 다른 상품이나 서비스에는 의견을 내지 않는 편이 좋다고 생각합니다. 실제로 저는 20대~30대용 상품이나 서비스 기획에 대해서는 코멘트를 전혀 하지 않으려고 합니다. "조언이 필요할 때 말씀 주세요."라고 할 뿐, 타겟층이 아닌 만큼 코멘트는 자제하고, 지원만 할 뿐입니다.

> **Q. 설명하는 시간이 적을 때는?**
> **A. 사전에 프레젠테이션 영상을 만들어 보내자.**

일반적으로는 설득하기 위해 프레젠테이션 자료를 만드는데, 저는 영상을 만든 적이 있습니다.

예전에 임원 회의 전에 준비한 기획을 설명하는 데 어느 정도 시간이 걸릴지 프레젠테이션 시간을 재어 봤더니 아무리 애써서 빠르게 설명해도 30분이 걸렸습니다. 저에게 주어진 시간은 겨우 15분. 심지어 임원들은 나이가 어느 정도 드신 분들뿐이라 최신 기술에 관한 이야기를 15분 만에 설명할 수 있을 리가 없었습니다.

그래서 영상을 만들게 되었습니다.

그리고 실제로 사전에 영상을 보고 회의에 참석했다는 전제로, 질의응답부터 시작하겠다고 전달했습니다. 그 결과 회의가 잘 진행되어 기획은 통과되었습니다.

할 수 있는 일은 일단 무엇이건 해야 합니다. 다소 품이 든다 해도, 그 노력이 설득의 성공 여부를 좌우합니다.

> Q. 질투나 시샘에는 어떻게 대처하는 것이 좋을까?
>
> A. 반응하지 말고, 신경 쓰지 말자.

'설득은 상대방의 감정을 고려해야 한다'라는 것은 이미 이야기했지만, 특히 사내에서 설득할 때 발목을 잡는 것이 질투나 시샘입니다.

예컨대 기획 내용이 좋아도 질투가 심한 상사가 '부하가 성공하는 것이 싫다'라며 온 힘을 다해 방해하려 한다면, 이럴 때는 아무리 기능이나 감정 측면에서 베네핏을 강조해도 절대로 설득할 수 없을 것입니다.

이런 상황에서도 설득해 내기 위해 질투나 시샘을 더 강하게 자극하는 방법도 있지만, 모두가 가능한 방법은 아닙니다.

현실적으로는 질투나 시샘을 받지 않게끔 빠져나가는 방법이 가장 좋습니다. 그런데도 만약 질투나 시샘을 직면하게 된다면 감정적으로 대응하지 말고, 일단 마음대로 말하게 두는 편이 낫습니다. 무분별하게 반응하거나, 논파하려고 하면 질투나 시샘을 더 자극할 수 있으므로 주의해야 합니다.

> Q. 메일로 몇 번이나 의뢰하려 했지만, 반응이 없다면?
>
> A. '왜 반응하지 않는지' 생각해 보자.

메일로 뭔가를 의뢰해도 반응하지 않는다면 '왜 반응하지 않는지'를 생각해 봐야 합니다.

뒤로 미뤄 두는 이유는 여러 가지가 있지만, 제 경험상 의외로 '상대방이 어떻게 대처해야 할지 몰라서' 미루는 경우가 많습니다.

예컨대 일전에 미국의 시찰 투어를 기획했을 때 이런 일이 있었습니다. 참가하는 대학이나 기업에 프로필을 기재하도록 메일로 요청했는데, 좀처럼 답신을 주지 않는 것입니다.

이 참가자들에게 요청한 행동은 '엑셀 파일에 이름과 소속을 기재'하는 것이었습니다. 그래서 저는 엑셀의 리스트 화면을 캡처해서 메일 본문에 그대로 붙인 다음, "여기 공란에 기재해 주세요."라고 해서, 눈으로 보고 바로 알 수 있게끔 했습니다.

그러자 참가자 모두가 한 번에 입력해서 회신을 해 주었습니다. 결국, 무엇을 해야 할지 직관적으로 알 수 없었기 때문에 반응하지 못했던 것이지요.

어떤 것이건 메일로 의뢰할 때는 자기 생각보다 훨씬 알기 쉽게 써야 상대방이 이해하기 쉽습니다. 그렇게 생각하는 편이 좋습니다.

'어떤 제목을 붙일 것인가?', '서두에 무엇을 써야 하는가?', '구성은 어떻게 해야 하는가?' 등 상대방이 읽고 행동할 수 있도록 메일을 쓰는 방법에 대해서는 전문적인 서적이나 웹 기사도 많이 나와 있으니, 그쪽을 참고해 주시기를 바랍니다.

다만 직책이 높아지면 높아질수록 받는 메일의 수가 많아지므로 한 통 한 통을 정중하게 읽고 대응할 시간이 없다는 점은 양해해야 합니다. 메일을 읽게 만들려면 메일 속 문장은 물론이고, 메일을 보내는 시간대, 상대방의 일정을 고려한 타이밍 등도 배려할 수 있어야 합니다.

내일을 바꾸는 힘,
예스 코드

프롤로그에서도 조금 이야기했지만, 이 책을 쓰고자 생각하게 된 계기는 과거 P&G에서 마케팅 경력을 쌓았던 경험 때문입니다. 그 과정을 통해 마케팅과 설득의 원칙이나 과정이 매우 닮아있다는 점을 깨달았습니다.

마케팅이란 '상품을 효율적으로 팔기 위한 시스템을 만드는 일'입니다. 구체적으로는 상품이나 서비스가 많은 고객에게 와닿을 수 있도록 먼저 주목을 모으고, 고객과 신뢰·신용 관계를 구축해야 합니다. 그리고 마음에 꽂히는 광고(메시지)를 만들어 생활 속에서 도움이 되는 상품이라고 이해시킨 후,

고객이 구매하게 만드는 과정이지요.

마케팅의 이러한 흐름은 설득과도 매우 비슷하여, 쉽게 말씀드리자면 설득이 마케팅 전략의 근간을 형성한다고 깨닫게 되었습니다.

심지어 상품이나 서비스를 개발할 때도 마케팅적 사고가 도입되곤 합니다. 고객의 불만이나 불안, 인사이트(구매의 근거나 동기)를 파헤쳐, 가설 단계에서 고객이 안고 있는 문제를 정의합니다. 그 연장선에서 상품이나 서비스가 탄생하는 것이지요.

이처럼 상품 개발에서 판매에 이르기까지 일관적으로 설득의 본질이 내포되어 있습니다.

또 10년, 20년이라는 긴 시간에 걸쳐 세련되게 연마해 가는 브랜드 전략도 설득의 원칙·과정과 공통점이 많다고 생각합니다. 예를 들어 소비자의 니즈나 욕망을 깊게 이해하는 과정을 통해 세제나 페브리즈 등이 고객에게 필수품이 되어 가는 체험을 했습니다. 이러한 경험을 통해 하나의 마케팅 캠페인을 성공시키려면, 그 이면에 존재하는 인간의 감정이나 행동을 깊게 이해할 수 있어야 한다는 점을 배웠습니다.

이러한 경험을 통해 제가 도출해 낸 것이 이 책에서 정리한 '예스 코드'입니다. 이 코드는 단순한 기술이나 전술을 하나로 포장한 것이 아닙니다. 마케팅 환경의 모든 측면에 침투해 있는 사고방식이자, 일종의 철학과도 같은 것입니다.

저 자신도 '예스 코드'를 써 나가는 도중에 이 설득의 원칙은 마케팅 영역을 초월하여 광고대리점과 협업할 때나 사내의 팀에서 리더십을 보이려 할 때, 임원 회의에서 논의 방향성을 안내할 때까지 침투해 있다는 점을 다시 한번 실감했습니다.

이는 본질적으로 인간이 가진, 상호작용을 해 나가는 일련의 흐름입니다. 눈앞에 문이 있고, 그 안을 들여다보면 마음이 있고, 다시 그 안으로 들어가 보면 사고라는 문에 도달하게 됩니다. 그런 흐름으로 나아가기 위한 하나의 열쇠 같은 것으로 생각합니다.

오랜 시간에 걸쳐 쌓아 온 경험과 통찰을 떠올려 보니 '예스 코드'는 단순한 책 제목이 아니라, 행동을 촉구하는 호소이며, 인생의 모든 방면에 임팩트를 줍니다. 이 책에서 소개한 것처럼 바른 사고방식과 단계를 밟아 배워나가면 스스로가 바라는 결과를 얻게 해 줄 것이며, 세상에서 긍정적인 변화를 만들어 가는 힘을 가져다 줄 것입니다.

AI나 빅 데이터 등으로 인해 복잡화된 디지털 사회가 도래했지만, 이러한 디지털 시대에도 '예스 코드'처럼 보편적인 원칙은 변함없이 중요하며, 이 원칙을 응용할 수 있는 사람이야말로 디지털 시대에서 살아남을 수 있을 것입니다.

독자 여러분도 이 '예스 코드'를 활용하여 자기 자신이 가진 새로운 가능성을 발견하고, 많은 공감을 획득하여, 원하는 목표에 도달할 수 있기를 바랍니다.

마음속으로부터 감사를 담아

히라다 다카코

머리 좋은 사람만 아는
설득력

펴낸날 2025년 10월 15일 1판 1쇄

지은이 히라다 다카코
옮긴이 곽현아
펴낸이 金永先
편집 김샛별
디자인 김유진
펴낸곳 더페이지
주소 경기도 고양시 덕양구 청초로 10 GL 메트로시티한강 A1-2002호
전화 (02) 323-7234
팩스 (02) 323-0253
출판등록번호 제 2-2767호
ISBN 979-11-94156-28-4 (03190)

더페이지와 함께 새로운 문화를 선도할 참신한 원고를 기다립니다.
이메일 dhhard@naver.com (원고 투고)